CONQUISTA 30% MÁS CLIENTES Y POSEE MEJORES EMPLEADOS

CONQUISTA 30% MÁS CLIENTES Y POSEE MEJORES EMPLEADOS

Guía práctica para la inclusión de personas con disCapacidad ganando un mayor impacto económico y social.

JUAN MEDINA

CONQUISTA 30% MÁS CLIENTES Y POSEE MEJORES
EMPLEADOS.

Queda prohibido escanear, reproducir total o parcialmente esta
obra por cualquier medio o procedimiento, así como la
distribución de ejemplares mediante alquiler o préstamo
público sin previa autorización.

RECOMENDACIONES

Desde siempre, las personas con discapacidad han sido excluidas de todos los entornos que conforman el sistema social.

Por más de treinta años, por nuestra parte, hemos sido partícipes en la lucha por lograr la plena inclusión de las personas con discapacidad, en todas las actividades de la sociedad en general, tales como la educación, el trabajo, la salud y la recreación, entre otras.

Durante todo este tiempo, como es obvio, hemos conocido a muchas personas. Algunas de ellas buenas, algunas, muy buenas, y otras, no tanto; también a personas malas y hasta muy malas.

De entre "los muy buenos", hay uno que sobresale de manera especial: Juan Medina.

Juan es una persona que, sin tener una discapacidad, ha hecho, de la discapacidad misma, en todas sus acepciones y facetas, una meta de vida. Y no hablamos de una sola discapacidad, sino de todas ellas: la física o motora, la sensorial, la intelectual y la mental o psicosocial. Juan se sumerge en todas y cada una de ellas y las vive intensamente.

Juan, quien nunca logró contagiarse de poliomielitis y merecer así, su tan anhelada silla de ruedas, ha logrado involucrarse intrínsecamente con todas las diferentes discapacidades. Su interés, conocimiento y experiencia en la materia, son, en muchos casos, inclusive, superiores al de las mismas personas con discapacidad, que mayormente se enfocan primordialmente en su propia condición, sin prestar demasiada atención a las otras discapacidades. Sin temor a equivocarnos, podemos afirmar que Juan es la persona que, en México, más conoce; tanto sobre la discapacidad con todas sus variantes, como en la manera en que las personas con discapacidad lidian por alcanzar su plena inclusión.

Mucho del conocimiento de Juan está plasmado en esta Guía.

Esta publicación es una excelente herramienta para quien desee promover un entorno incluyente, no sólo por responsabilidad social sino también por conveniencia comercial.

De una manera sencilla, el autor comparte su experiencia sobre el tema, otorgándonos, al mismo tiempo, la oportunidad de reflexionar en lo importante que es ver al otro, al de al lado, al que, a veces, estando tan cerca, no nos percatamos de sus necesidades, y de lo fácil que sería otorgarle un entorno accesible, no sólo para él, sino para todos.

Juan dedicó este libro a su hija; a su "Corazona" Meritxell, como un legado de vida.

Sin embargo, creemos que no sólo Meritxell se beneficiará de él. Este libro puede ser un instrumento para que, mediante un cambio de actitud social hacia la inclusión plena, muchas personas con discapacidad, hasta ahora excluidas del quehacer social, alcancen la posibilidad de ser parte de este, con dignidad y humanismo.

Agradecemos a "nuestro ahijado" Juan, la invitación a participar en el prólogo de su libro. Nos sentimos honrados por tal deferencia

Esperamos que disfruten su lectura, tanto como lo hicimos nosotros.

Federico y Ma. Esther Fleischmann

Libre. Acceso A.C.

Septiembre, 2019.

El autor Juan Medina dedicado a la inclusión, explica su experiencia vital de más de 40 años trabajando y analizando las necesidades de las personas con discapacidad; para así elaborar esta guía práctica para que aquellas empresas que contraten a personas con discapacidades tengan además, un mayor impacto económico y social.

Este libro, explica lo mínimo que cualquier persona debe saber para poder tener una mentalidad incluyente, y así tal como dice el autor "entender que todos somos uno y que la diversidad nos enriquece".

Personalmente cuando he leído este libro, y como usuario de silla de ruedas, me he sentido muy identificado con las diversas actuaciones "reales" que explica, para que sean mucho más didácticas y descriptivas para el lector, analizando cada caso en función de personas con discapacidad física, o visual, o auditiva, o intelectual o mental. Las propuestas de mejora que aporta incorporan las medidas de la accesibilidad de manera desapercibida en el propio diseño original de los espacios, productos, servicios, elementos, nuevas tecnologías y páginas web, etc, analizadas.

Entiendo que en este siglo XXI afrontamos un cambio demográfico sin precedentes, y que la Organización Mundial de la Salud-OMS ha establecido en la cifra de un 15% de la población mundial tiene alguna discapacidad; es decir, más de 1.000 millones de personas, y realmente hoy en día, todavía somos muy desconocidos por la mayoría de la sociedad y de los ciudadanos; y por tanto, esta publicación creo que ha de ser de obligada lectura para cualquier persona que quiera "descubrir las capacidades de las personas con discapacidad", y también creo muy oportuno que sea un documento de consulta en las universidades especialmente para los estudiantes relacionados con el diseño de nuestras ciudades y pueblos, y con la mejora de la calidad de vida de todos los ciudadanos.

Enrique Rovira-Beleta Cuyás

Arquitecto-Director de la Consultoría Rovira-Beleta Accesibilidad SLP.

Profesor responsable del Área de Accesibilidad, y Director del Postgrado en Accesibilidad y Diseño Universal de la School of Architecture de la UIC Barcelona- Universitat Internacional de Catalunya.

En la actualidad Juan y yo no sólo compartimos la misma visión en torno a la inclusión y respeto a los derechos de las personas con discapacidad, sino también tengo la fortuna de conservar su hermosa amistad desde hace muchos años.

Yo interpretaba las noticias en la televisión mexicana y daba clases de lengua de señas en una escuela para niños y adultos Sordos en la Ciudad de México. Una tarde lo vi entrar sonriente, tímido y con esa humanidad que le caracteriza, vivíamos cerca, pronto nos hicimos grandes amigos nos divertíamos en reuniones y viajes. Desde aquellos años de 1984, Juan ya demostraba su disposición, cariño y vocación para ayudar a las personas con discapacidad y sus maestros.

Para mí ha sido un honor conocerlo, hemos tenido la oportunidad de crecer nuestra amistad, creamos muchos proyectos juntos para difundir la cultura de la discapacidad en la sociedad. Fundamos la asociación La Estación Incluye para sensibilizar y capacitar a la sociedad en el tema de inclusión, donde hemos impartido infinidad de conferencias, talleres y diplomados en toda la república mexicana.

Se que en este libro encontrarás muchas anécdotas y experiencias de Juan, que te harán reflexionar de lo importante que es tener una visión incluyente, conocer un poco como vivimos las personas con discapacidad y como nos gustaría que fuera la sociedad para sentirnos siempre parte de ella.

Con todo el corazón espero este libro te guste y sea una guía práctica para a crear espacios que disfrutemos todos.

Perla Moctezuma Quiroga

Ex Conductora en TV de noticias para personas Sordas

ACERCA DEL AUTOR

M.D.H. Juan Medina Salgado

Se incorporó al movimiento asociativo de personas con discapacidad a los 13 años.

1988 trabajó en el Movimiento de Acción Social de la Universidad La Salle por ocho años realizando actividades para apoyo a grupos vulnerables.

1992 participa en ASUME, Asociación de Superación por México fundada por Soumaya Domit.

1992 estudia la Licenciatura de Administración de Empresas, con el objetivo de elaborar proyectos de inclusión al ámbito educativo y laboral promoviendo el valor de la diversidad humana en la cultura organizacional.

1995 coordinador de IMPULSA promoviendo la Lengua de Señas y el Sistema Braille.

1997 se incorpora en la Asociación Educativa, Cultural y de Servicio Social para Sordos A.C. dirigida por Perla Moctezuma de noticieros Televisa.

1998 estudia la Licenciatura de Ciencias Religiosas con el objetivo de rescatar los valores y concepciones hacia las diferencias.

1999 coordinador de Educación y Capacitación en la Universidad La Salle, diseñando y abriendo cursos de español, computación, primaria, secundaria y preparatoria abierta, para personas de grupos vulnerables.

1999 visitó la Universidad de Gallaudet para conocer la gramática y concepción de la cultura sorda y lengua de señas en Washington, EUA.

2001 fundador del programa de PROACCESO, programa que permite el cambio de cultura en las instituciones educativas y la inclusión de personas con discapacidad.

2002 es nombrado Asociado Honorario de Libre Acceso A.C.

2003 estudia la Maestría en Desarrollo Humano con el objetivo de orientar, capacitar y desarrollar conciencias con un enfoque holista.

2003 anima a personas para unirse en una asociación INCLUYE, A.C., con el objetivo de difundir la cultura de la discapacidad en todos los ámbitos, eliminando barreras físicas, culturales y sociales que viven las personas con discapacidad.

2004 diseñó el proyecto del Centro de Atención Integral para la Cultura de la Discapacidad en Morelia.

2006 nombrado Asesor del Ayuntamiento de Morelia en tema de discapacidad.

2007 participa en Madrid en el XV Congreso Mundial de la World Federation of The Deaf y es nombrado Asesor de la Federación de Sordos de México.

2008 estudia en La Universidad Antonio de Nebrija en Madrid, Competencias Profesionales.

2008 director para la Inclusión de Personas con Discapacidad en DIF Jalisco logrando un modelo de atención incluyente y promoviendo la cultura de la discapacidad.

2009 estudia en La Escuela de Formación Directiva en Guadalajara, el Diplomado en Competencias Directivas en la Administración Pública.

2010 promovió la creación de la Fundación Jalisco Incluye para promover la atención a todas las discapacidades en sus diferentes edades en los 125 municipios de Jalisco.

2011 funda la Asociación La Estación Incluye A.C. que actualmente dirige.

2012 inicia como Evaluador del Distintivo Empresa Incluyente.

2013 diseña un Diplomado y una Certificación en Cultura de disCapacidad.

2014 estudia el Postgrado de Diseño Universal y Accesibilidad Desapercibida, de la Universitat Internacional de Catalunya, en Barcelona.

2015 ingresa en la UNIVA Guadalajara como Encargado de Universidad Incluyente.

2015 estudia el Diplomado Internacional de Docencia y Creación de Cursos Virtuales y a Distancia del Instituto Salamanca de Colombia.

2015 estudia el Diplomado en Administración de Asociaciones Civiles en la UNIVA Guadalajara.

2016 rediseña con los estándares europeos los Talleres de Sistema Braille y tiflotecnología, Lengua de Señas Mexicana A1, A2 B1 y B2, Protocolos de atención a clientes con discapacidad, Accesibilidad desapercibida, Diseño Universal y domótica.

2017 estudia el Máster en Ecología Emocional, en el Intitut D'Ecología Emocional México.

2018 estudia en Barcelona en el Institut D'Ecología Emocional, la actualización en el programa Reciclaje en la Ecología Emocional.

2018 se Certifica como evaluador del Distintivo "Sello Turismo Incluyente" de la Secretaría de Turismo.

Visita: Alemania, Argentina, Andorra, Antigua y Barbuda, Bélgica, Chile, Ciudad del Vaticano, Cuba, Costa Rica, Egipto, España, Estados Unidos, Francia, Luxemburgo, Grecia, Guatemala, Italia, Japón, Marruecos, Países Bajos, Perú, Portugal, Panamá, Puerto Rico, Reino Unido, República Checa, República Dominicana, Suiza, Turquía, Venezuela, y 29 estados de la República, para investigar y promover la cultura de la discapacidad y conocer la riqueza de la diversidad.

Docente desde 1992, en diferentes universidades como La Universidad la Salle Ciudad de México y Morelia, ITESO, UTEGRA y UNIVA.

NOTA AL LECTOR

Estas líneas que escribo, espero te sirvan como una guía práctica para incluir a personas con disCapacidad, personas con movilidad reducida y adultos mayores, en todas las actividades que realices. Para ello propongo resaltar 4 elementos que facilitan brindar un servicio de equidad para todos:

Cosmovisión

Comunicación

Educación y buen trato

Atenciones y deferencia

La Organización Mundial de la Salud (OMS) nos dice que más de 1000 millones de personas en el mundo tienen discapacidad. Esta cifra representa al 15% de la población mundial. También la OMS ha informado a través de un informe, que entre el 2000 y 2050 se duplicará la población de ancianos mayores de 60 años, pasando del 11 % al 22 %.

Las personas en situación de disCapacidad o con movilidad reducida seguirán aumentando a causa del envejecimiento de la población y del aumento de enfermedades crónicas. Sin embargo, gracias a los avances científicos, actualmente tenemos más probabilidades de vivir después de una enfermedad o accidente; antes las personas con discapacidad no se casaban ni tenían hijos, menos si la discapacidad era congénita. Ahora, todo ha cambiado, por lo que cada día crece el número de personas con discapacidad que requieren ser independientes, productivos y contar con todos los 12 servicios que la sociedad ofrece:

Salud

Educación

Recreación

Transporte

Alimentación

Comunicación

Gubernamentales

Construcción

Laborales

Bancarios

Legales

Belleza

Si brindas uno de estos servicios, este libro es para ti. Por lo que si te preparas para ser incluyente, el 15% de la población que tiene disCapacidad acudirá a tus servicios gubernamentales, educativos o empresariales y ¡OJO!, normalmente no irá sola, sino con un acompañante, así que tendrás 30% más de clientes, además, si das un buen servicio te recomendarán.

Si también contratas a personas con disCapacidad, se transformarán más rápido y fácil tus servicios incluyentes, y verás un cambio actitudinal dentro de la empresa.

Esto, sin olvidar que abonas a tu responsabilidad social y empresarial, ya que es un compromiso u obligación de los miembros de una sociedad ser incluyentes. Así, aportarás tu granito de arena y lograrás un gran impacto social.

Hoy, más que nunca, es cuando necesitamos personas que vean en la diversidad la riqueza para construir una sociedad mejor, más humana y más feliz.

AGRADECIMIENTOS

En memoria de mi mamá Marypaz Salgado por tantos bellos recuerdos.

A mi papá y mis hermanos por siempre estar cerca y cuidando de mí

A las tías de Puebla que siempre están cerca.

A mis maestros de vida que ya no están aquí, Soumaya Domit, Gilberto Rincón Gallardo, Luciano Barp Fontana, por ser ejemplo, sus enseñanzas e iluminar mi camino.

A mis compañeros de la Inter que sin saberlo siguen siendo mi inspiración:

Adriana, Claudia, Angie, Laura, Daniel, Guillermo R. Guillermo C. Sandra, Eduardo, Priscila, Juan Arturo, Lili, Mauricio, Ginette, Lorena R. Lulú, Herman, Silvana, Ana María, Lupita, Liviere, Erika, Luis Armando, Lorena, Mildred, Marixchel, Ana A., Lety, Lino, Enrique, Billy, Laura, Ana Belén.

A mis compañeros de la Licenciatura en Administración de Empresas que me hacen sentir tan querido:

Lulú, Gabita, Aby, Leontine, Lili, Sandra, Mariloly, Ricardo R. Ricardo O., Jorge H. Jorge S., Fer, Memo D., Gaby, Andrés, Paco M. Nonoy, Enrique, Yolanda, Paco A., Ana, Luis, Tessie, Paty, Julieta, Alex, Wendy, Óscar, Axel, Alger, Salvador, Memo J., César, Fabiola, Pilillo, David, Nancy, Alex, Esperanza, Caludia, Juan Carlos, Adriana, Iván, Marylú, Hilde, Sergio, Jacqueline, Claudia Z. Vanessa, July, Lorena y Malajim.

A mis compañeros de la Maestría en Ecología Emocional que me mostraron y acompañan en esta nueva etapa.

A mis amigos en el camino de la disCapacidad y el gran equipo de la Estación Incluye, que me han enseñado con su experiencia y me han regalado tantas herramientas útiles:

Martha, Enrique y Ana, Martha, Nacho R. y Camerina C., Covadonga, Manuel, León, Mario, Gaspar, Dora, Graciela, Rocio, Valeria, Carlos, Juande, Antonio, Judith, Chelo, Taide, Alex, Juan, Andrea y familia de Andrea, Juan Carlos, Gaspar, Cristy, Paco, Ana Yolanda, Licha, Nana, Suky, Antonio, Pepe, Sandra, Emilio, Carolina, Beky, Velia, Olga, Maricela, Gaby, Lety, Yu, Moy, Lili, Wences y Maru.

A mis Padrinos Federico y Esther Fleischmann y Carlos Carrera y Perla Moctezuma.

En especial a mi hija Meritxell motor de mi vida y a quien le escribo este libro.

ÍNDICE

PREÁMBULO

Era una mañana fría de enero del 2019, otra pérdida, otro fracaso en mi vida. Me encontraba solo en Madrid, asistiría al gran evento internacional de turismo que se organizaba en IFEMA, con la esperanza de que un nuevo gobierno en México y llevar a mi país todo lo nuevo del turismo accesible.

Cuando llegué al Recinto Ferial la entrada estaba como mi cabeza, hecho un revuelo: había patrullas, humo, gritos, fotógrafos. Era el tercer día de la huelga de los taxistas de Madrid y estaban por llegar los Reyes de España, como cada año para la inauguración. Había contenedores incendiados y una hoguera de llantas. Escuché que gritaban, "En Fitur no entra ni Dios". Pero no fue así, todos entramos, llegaron los Reyes y se hizo una excelente inauguración de la Feria. Como cada año un éxito. Esa mañana fue un gran aprendizaje para mí. Aunque estaba triste, entendí que pase lo que pase, la vida sigue, y nada ni nadie para por tus problemas. Era alentador saber que tienes que buscar diferentes formas para lograr lo que deseas.

La expo estuvo genial estuve en el stand de PREDIF, la Plataforma Representativa Estatal de Personas con Discapacidad Física, que representa a 100,000 personas con discapacidad física. Promoviendo el turismo accesible y la plataforma Tur4all, también estaban ahí los españoles de PUNTODIS, representados por Jhon y "mi padre" (le digo con cariño aunque solo compartimos el mismo nombre) J.J. Medina, me llamó la atención observar sus planos y señalética diversa, ya había tenido la ocasión de tocar en la universidad de Valparaíso, en Chile, es un gusto tocar los planos hápticos por su suavidad en el tacto, acabados y con el punto en Braille maravilloso. Fue un día de muchos aprendizajes y tratando de convencer a los gobernadores, secretarios de turismo, presidentes de asociaciones de hoteles y touroperadores para abrir espacios incluyentes en mi país, tema que espero se le tome el interés con la magnitud que se necesita.

Salí cansado y rápidamente me fui a uno de mis lugares favoritos, al Palacio de Cristal de El Retiro. Sentado en una banca, con una vista espectacular de esa arquitectura de hierro, me preguntaba repetidas veces, ¿qué hacía yo allí?, ¿tendría que ser yo el que esté luchando por la inclusión?, ¿por qué no trabajaba como administrador en una empresa o me dedicaba a las ventas?, ¿qué le podría contar a mi hija de el por qué me dediqué a la inclusión?, ¿cómo podría hacer para que ella fuera ejemplo de inclusión?, ¿cómo podría estar más cerca de ella para que me conociera mejor?. Qué mejor forma de poder contarle todo, escribiendo, para que no se me olvide todo lo que quisiera contarle y tenga algo escrito para recordarlo. Luego reflexioné y me di cuenta que estas líneas podrían servirle también a alguien más. Así nació la historia de este libro, unas líneas para poder contar lo mínimo que cualquier persona debe saber para poder tener una mentalidad incluyente, qué es lo que más necesitamos en nuestra sociedad, entender que todos somos uno y que la diversidad nos enriquece.

¿Por dónde empezaría a contar?, Tal vez desde el principio...

Mi adorada "Corazona", todo empezó un 3 de diciembre, hace 46 años. Sí, nací un 3 de diciembre y nunca imaginé que ese día iba a marcar mi vida. ¿Cómo imaginar que el 3 de diciembre sería el día Internacional de la discapacidad?, y que esto hiciera una rebelión de vida para mí, sin tener ninguna disCapacidad, mira que me hubiera gustado ser arquitecto, cómico o actor, pero por algo nací ese día, que celebraría cada año en pleno evento de trabajo.

Nunca imaginé que desde ese día mi camino estaría lleno de anécdotas, estudios, risas, lágrimas, decepciones, éxitos, en torno a la disCapacidad; rodeado de tantas personas tan increíbles que iban tejiendo mi historia de vida, cada día maravillándome de cosas nuevas y no entendía por qué las personas no valoran la disCapacidad si para mí, fue lo más alegre que viví desde la infancia. Ahora, entiendo que falta desarrollar una cultura de la disCapacidad, educar a las personas para que tengan una visión de inclusión, y espero que, leyendo estas líneas, mi "Corazona", lo puedas entender, vivir y aportar a los demás, para lograr una sociedad donde todos podamos convivir felizmente y valorarnos con equidad.

Juan Medina

INTRODUCCIÓN

Después de 7 quiméricos años, entré a la primaria, todo era nuevo y espectacular, *diversidad* es la palabra que lo describía todo. Con tantas personalidades que teníamos en la Inter, cada compañero era un ser tan peculiar, hijos de extranjeros, rubios, morenos, altos, chaparros; yo era el más pequeño de estatura, siempre el primero en la fila, no tenía que preocuparme cuando decían fórmense, ya que sabía que todos irían atrás de mí. Era una rica colección de apellidos extranjeros desde Heimpel, Floyd, Hoffer, Karam, Motta, Havens, Bolloli, Yabra, Benassini, Toumeh, Lepe. Tenía hasta una amiga que se apellidaba Maya, me intrigaba la cultra maya: Palenque y Chichén Itzá eran mis lugares favoritos. Tantos colores de ojos y formas tan diferentes de hablar. Con trabajo yo sabía hablar español y nos daban clases de Spelling, Grammar, Vocabulary, Memory, hasta literatura en inglés con miss Angie.

Fue en la primaria donde probé un sin número de sabores cuando iba a comer a casa de los compañeros. En casa de Daniel, el keppe, ¡huy!, no podía creer que se podía comer carne cruda, pensé que era broma, hasta la fecha ese platillo es de mis favoritos. En casa de Laura había que rezar el padre nuestro en inglés antes de comer, pero pareciera que le daba sabor a toda esa rica comida que hacía Sandra, su mamá. Esos postres estilo norteamericano que me hacían chuparme los dedos, ahí fue donde probé mis primeros brownies. Todo era tan nuevo, tan rico y tan diverso, esas experiencias me hicieron valorar la riqueza de las diferencias.

De cada uno aprendí mucho, valoro tanto haber estudiado (bueno, así como estudiado, no tanto, qué hubiera sido de mí sin Angie y Claudia que me auxiliaban en mis exámenes) con mis compañeros que hasta la fecha son ejemplo de vida para mí. Cada día que veo sus publicaciones en Facebook me animan a seguir luchando.

No sé si mis compañeros de primaria lo recuerden, pero había una compañera de otro grado que llevaba una silla de ruedas eléctrica. Imagínate a principios de los 80 y ella en una silla de ruedas que caminaba sola. Yo soñaba con tener una silla de ruedas así y dar vueltas en la nueva cancha de tenis que había inaugurado la miss Ileana.

Para mí, ya años antes, la silla de ruedas significaba independencia, velocidad, medallas, viajes, alegrías, éxitos, logros que después vi alcanzó mi vecina. Así que todas las noches pedía a Santa Claus mi silla de ruedas, aunque no fuera eléctrica. ¡Cuál fue mi sorpresa cuando me trajo un triciclo rojo! No se parecía mucho a una silla de ruedas, así que quedó guardado hasta que nació mi hermano. Yo lo que necesitaba, era esa silla de ruedas para convertirme en esa persona deportista, exitosa y feliz como mi vecina Martha.

Una gran sorpresa fue cuando me di cuenta que las personas veían mal la disCapacidad, cuando vi que en las telenovelas las personas lloraban cuando les decían… "quedaste inválida"… y la protagonista lloraba a mares. Eso me confundía mucho, y notaba que mis amigos sin disCapacidad no les interesaba el tema y hasta miedo le tenían a las personas con disCapacidad. Era una época de gran ignorancia. Le preguntaba a mi abuela ¿por qué ese niño estaba así? y su respuesta era: "porque no come bien". Yo creo que por eso me costaba mucho trabajo comer, para ver si así de pronto se me daba la disCapacidad. Soñaba con llegar a la escuela haciendo una entrada triunfal en mi silla de ruedas y una que otra medalla de oro.

Una vez le comenté a mi mamá que me encantaría tener mi silla de ruedas y su respuesta fue, "Ni Dios lo quiera". Eso fue contundente para mí, así que no volví a tocar el tema y pasé la primaria y la secundaria calladito, sin comentar mis deseos porque pensé que lo verían mal. Pero seguí conociendo muchas personas con disCapacidad que admiraba y sigo admirando.

Mientras, pasaba imaginando ser medallista paralímpico, me tenía que aplicar en la escuela me agobiaba con las matemáticas, no sé si le tenía más miedo a las matemáticas o a miss Lupita, a las dos les tenía terror; con los años le perdí el miedo a miss Lupita y le tomamos mucho cariño, hasta la fecha. El miedo a las matemáticas me persigie hasta ahora.

Nos tocaron pasar difíciles momentos en el terremoto de 1985, en la Ciudad de México, fue una pesadilla, afortunadamente todos los de mi salón estuvierón a salvo. Empezó a temblar cuando iba en camino a la escuela, mi mamá nos dijo a mi hermana y a mí, que seguro le habían aflojado las llantas al automóvil, por que no las podía controlar, sin saber de la magnitud del temblor, hasta nos dejo en la escuela pensando que no había sido tan grave. Miss Lupita nos dijo que podíamos regresar a nuestras casas, ese día unos llegaron, otros no, porque se dieron cuenta en el camino de la magnitud de lo que había pasado, eso nos unió más, fueron semanas de solidaridad viva. Los días siguientes vinieron las replicas del temblor, salíamos todos corriendo de nuestras casas, lo que más me llamaba la atención es que salían todos menos mi vecina usuaria de silla de ruedas, ¿cómo se habría sentido de tener que quedarse en su segundo piso sin poder correr?, eso me hizo ser conciente de nunca organizar un evento en un segundo piso, cualquier emergencia, ¿cómo se podría bajar?, aunque se dispusiera de elevador, en el temblor no se pueden usar. Deberíamos tener más conciencia y ponernos en el lugar de las personas con disCapacidad en los momentos de emergencia. Que mal que tengamos que pasar momentos difíciles para darnos cuenta de lo vulnerables que podemos o para ponernos en los demás.

En la preparatoria, en plena adolescencia, etapa difícil, complicada y enojado con la vida, conocí ASUME, una asociación presidida por una mujer increíble, Soumaya. Era muy elocuente y yo siempre la escuchaba atento. Derramaba bondad y sabiduría. En ASUME, aprendí otra visión de la vida. ¡Huy! tantos recuerdos, tantos cursos y aprendizajes que tomé de ella, que nunca podré agradecerle todo lo que cambio mi vida. Me hizo voltear a verme y darme cuenta de que la felicidad no estaba afuera, ni en una silla de ruedas, ni en unas medallas, sino solo en mí. Esos tres años en la asociación, fueron un parteaguas en mi vida y serían tema para escribir otro libro. Cambió mi vida, y había entendido claramente que debía valorar todo. Así que llegué lleno, pleno y empoderado a la universidad, gracias a Sumy, hoy todavía lamento que haya partido de aquí tan pronto.

Era el verano del 92, entré a estudiar (bueno, ¿qué hubiera sido de mí sin July y Gabita en la universidad, quienes me auxiliaban en mis exámenes?) Administración de Empresas, tenía un revuelo de sentimientos confusos. Una nueva etapa en mi vida donde yo vivía en "dos mundos", uno con mis amigos con disCapacidad y otro con mis amigos sin disCapacidad. En la preparatoria ya había hecho algunos intentos por juntarlos, pero fue un fracaso. Mis amigos sordos decían que los oyentes se burlaban de ellos, los oyentes que los sordos no les entendían a sus chistes; mis amigos ciegos decían que no les describían nada de lo que pasaba y solo escuchaban las risas, etc. Así que organizaba mis horarios para pasar el tiempo con unos y otros, aunque yo estaba alucinado en ASUME y era mi tema de conversación con estos dos "mundos" tan diferentes.

Era un grupo grande, más de 50 compañeros, hasta la fecha nos frecuentamos y recordamos tantas anécdotas, para mí muchos de ellos siguen siendo como mis hermanos. Era complicado aplicarme bien al estudio, ya que tenía dos trabajos, daba clase en la preparatoria de la misma universidad a la que asisitía, tenía muchos problemas para hablar en público, preparar las clases de computación, socializar con los padres de familia y con los alumnos, pero aprendí tanto, gracias a Vicente, mi coordinador, que me impulsó a seguir adelante y me otorgó la oportunidad de entrar al extraordinario mundo de la educación (ese será tema para el próximo libro que te escribiré mi adorada Txell) también trabajaba en el MAS, Movimiento de Acción Social A.C., Estuve ahí por tantos años que llegué a tener el apodo de Juan del MAS. El trabajo era fantástico, atendíamos niños de la calle, asilos, orfanatorios, comunidades rurales, etc, me apasionaba con todo eso.

En el salón de clases de la universidad disfrutaba la compañía de tantos compañeros sin disCapacidad, les gustaba la música, bailar, ir al cine, al teatro, cosas que no estaba muy acostumbrado con mis amigos sordos, aprendí de los cantantes de moda y a disfrutar una buena película. Seguía odiando las matemáticas y ahora llegaba la clase de contabilidad, con el maestro Rañal, el terror continuaba sin dar tregua, de nuevo con los números y con el maestro. Un día me paso al pizarrón para hacer un ejercicio, el iluso del maestro quería que yo hiciera un abono a bancos de mil pesos en una t de mayor, eso para mí era hablar en chino. Solo escuchaba las carcajadas de mis compañeros, nunca puede escribir un millón, le ponía más ceros, le quitaba otros, a pesar de la escena, Sumy me había dejado muy empoderado si no creo que nunca hubiera regresado a ese salón de clases. Tenía algunos rezagos académicos, pero July, Gabita, Vane y Lorena siempre me apoyaban y estudiaban conmigo. Había materias muy complicadas para mí como estadística, finanzas, matemáticas financieras, etc., y otras materias que me gustaban. Pero hubo una en especial que me abrió los ojos. Una tarde llegó nuestro nuevo maestro de Desarrollo Organizacional, con cara de enojón y agarrándose la papada, hablándonos de cambio y desarrollo organizacional, ¿quién iba a decir que esa materia con el maestro Barreda, me cambiaría la vida, me haría entender que, si queremos lograr un cambio dentro de la sociedad, tendríamos que cambiar nuestra cultura? Hicimos prácticas e investigaciones sobre eso, y ahí en la clase saqué el tema de mi tesis este consistía en el diseño de un Centro de Atención para la Cultura de la disCapacidad, que poco después se logró abrir en Morelia, lamentablemente por cuestiones políticas el proyecto original se perdió el proyecto, pero ese es un tema para otro libro.

Conquista 30% más clientes y posee mejores empleados

Había encontrado la solución a mis problemas con mis amigos, lo único que necesitaban era cambiar su cultura, ahí pensé en hablar de cultura de la disCapacidad, aunque todavía no estaba muy convencido de las palabras y tenía muchos amigos que me decían que no era una cultura. Era mucho trabajo, pero no le di más vueltas al asunto, y empecé a juntarlos de poco en poco, sólo que ahora les enseñaba a ser incluyentes. A mis amigos oyentes les enseñaba lengua de señas, abrí cursos en la universidad donde trabajaba y estudiaba; mis amigos oyentes que estudiaban la lengua de señas, a las pocas clases me pedían que les presentara personas sordas para practicar; a mis amigos sordos les explicaba lo que era un albur, un doble sentido, les platicaba sobre los chistes y refranes, lógicamente me pidieron que querían conocer más oyentes para conocer más palabras. A mis amigos ciegos les enseñaba sobre los colores y les platicaba de cómo eran parecidos a las temperaturas, a mis amigos que veían les enseñaba el Braille. Pronto, comencé a reunirlos, eran pláticas muy divertidas y enriquecedoras. Me di cuenta que el mejor puente entre las dos culturas era la EDUCACIÓN.

Apenas terminé la carrera de Administración y un mes después en agosto iniciaba la Licenciatura en Ciencias Religiosas. Eran muchos años, pero la verdad, ni los sentí. Fue una gran diferencia a la primera licenciatura. Aquí los temas me interesaban mucho y me encantaba leer todo lo referente a esta carrera. Se me fue como agua, pero me dedique a estudiar cómo ven las diferentes religiones a la disCapacidad. En Turquía, el Islam; en Atenas con los ortodoxos, en Tokio, los budistas; el cristianismo en Roma, los Judíos en Nueva York y el hinduismo en Madrid. Fueron años de mucho viaje, muchas reflexiones y muchas respuestas personales sobre la disCapacidad. Tenía como una brasa ardiente en mi cabeza —como decía Sumy— de encontrar el cómo cambiar esa indiferencia, discriminación e ignorancia, a la disCapacidad, por una cultura de inclusión. Así que, investigando conseguí muchas respuestas a partir de las diferentes religiones que cada sociedad tiene. La licenciatura en Ciencias Religiosas, me encantó. Dentro de esta licenciatura, y rodeado de investigadores, doctores, sociólogos y personas muy preparadas, me sentía tan ignorante a lado de ellos, aunque sabía de antemano que mi cerebro crecía con cada clase que tomaba. Recuerdo mucho a nuestro maestro —mi maestro de vida— Luciano Barp, que era una bomba de la sabiduría que explotaba en cada clase. Cada sesión con él me esclarecía el mundo de la cultura, parecía que sabía todo lo que yo necesitaba comprender. Recuerdo mucho su siguiente enseñanza:

> "la cultura caracteriza a un grupo social, engloba modos de vida, celebraciones, arte, invenciones, tecnología, sistemas de valores, formas de comunicarse, tradiciones, creencias y todo lo que hace a la identidad de ese grupo."

Esta definición de cultura (que anoté en alguna de sus clases) me cambió la vida; en ella se dejan ver los los elementos que tienen las culturas, cómo puede ser la cultura japonesa, la mexicana o la de la disCapacidad. Nos dice que la cultura son modos de vida, celebraciones. Aquí en México celebramos, por ejemplo, el 15 de septiembre, 12 de diciembre, el día de la madre, del maestro, y en la cultura de la disCapacidad también celebramos el 3 de diciembre, el día internacional de la disCapacidad, el 4 de enero, el día mundial del Braille, el 21 de marzo, el día del Síndrome de Down, el 2 de abril, el día de la concienciación del Autismo, 23 de septiembre, las lenguas de señas, etc., también hay muchas otras celebraciones pero no se te olvide mi cumpleaños, el 3 de diciembre.

Conquista 30% más clientes y posee mejores empleados

En el arte podemos encontrar muchísimos ejemplos de inclusión o de personas con disCapacidad. Desde pintores sin manos, fotografía para personas con disCapacidad visual, etc., en invenciones y tecnología ni se diga. Ya hay tantas cosas de tecnología para la disCapacidad como la domótica que ha venido a cambiar la vida de las personas con disCapacidad.

También nos mencionaba el Dr. Luciano Barp de la importancia de la comunicación en las culturas, y nos dio una cátedra sobre el origen de las lenguas. Nos hablo del latín, del griego —del cual era experto— y nos enseñó sobre las lenguas originarias de México. Claro, yo hice la analogía con la cultura de disCapacidad, pues todas las formas de comunicación que debemos aprender, como la lengua de señas mexicana, la lengua de señas maya, el sistema Braille, la estenografía, los tableros de comunicación, la fácil lectura para las personas con disCapacidad intelectual, etc. tantas cosas que hay que aprender para comunicarnos con las personas con disCapacidad que se sienten aisladas porque no sabemos cómo comunicarles una idea, ya que realmente la disCapacidad de la comunicación la tenemos los que no sabemos comunicarnos con todos.

Pero para mí lo más importante en la cultura y también en la cultura de disCapacidad es la identidad.

Una vez fui a interpretar a una amiga a Madrid al Congreso mundial de sordos, donde había sordos de todos los países. Vimos un video de un doctor vestido de blanco donde decía que las mujeres debían de tomar ácido fólico para que ya no nazcan niños con disCapacidad; luego pusieron pausa al vídeo y todos los sordos que veían el vídeo estaban furiosos y golpeaban con sus dos dedos índice y medio bajo la nariz. Luego volvieron a poner el video donde se explicaba que el gobierno gastaría menos dinero regalando ácido fólico a todas las mujeres, que lo que se gasta en disCapacidad, volvieron a poner pausa y todos volvieron a ser la misma seña. Le pregunté a mi amiga ¿Qué significaba esa seña?, mi sorpresa fue que me dijo que significaba: Hitler. Nos quieren desaparecer, pero jamás, jamás lo van a lograr. Eso es tener una identidad. En otro congreso, también de sordos, organizado en Washington, D.C., platicaban de querer quitar el gen de la sordera. En ese congreso otro grupo se enojó y dijeron: "nosotros somos sordos, nacimos sordos y queremos ser sordos, que se prohíban esas investigaciones sino se desaparecerá la comunidad sorda". Que importante es la identidad para defender tu cultura, sentirte orgulloso y parte de ella.

Terminé la licenciatura con conceptos muy claros y con las diferentes visiones de las religiones en el tema de disCapacidad, lo que sería tema para otro libro.

Rápidamente, en el 2003, decidí hacer la Maestría en Desarrollo Humano para profundizar en el tema de la cultura de la inclusión. Con un proyecto ya claro de tesis, me puse a investigar y desarrollé la idea de diseñar un diplomado donde se pudiera incorporar los conocimientos mínimos para tener una cultura de la disCapacidad. Recuerdo la clase del Mtro. Roberto Mantilla, y cómo me iluminó su materia para estructurar y justificar mi hipótesis, porque todavía tenía la duda de si era cultura o no, ya que un amigo con disCapacidad me había dicho que no era cultura, que ellos no eran de otra cultura, me dijo que habían luchado años por la inclusión y ahora yo los excluía con ese término como si fueran de otra galaxia de otra cultura. Pero no me quedó duda de que sí es una cultura, por los elementos que tiene, así que la definí, para efecto de mi tesis de maestría y elegí los capítulos siguientes:

Conquista 30% más clientes y posee mejores empleados

1. Cosmovisión.

2. Comunicación

3. Educación y buen trato

4. Atenciones y deferencia

Estos elementos son los que nos servirán como una guía práctica para la inclusión de las personas con disCapacidad en cualquier ámbito: familiar, educativo, empresarial, gubernamental, recreativo, etc., son los mismos 4 elementos para hacer incluyentes todos los servicios y todos los espacios.

Cuatro elementos que hoy quiero compartirte para que te des cuenta que la única constante del ser humano, es la diversidad, pero para entenderla tenemos que desarrollar una cultura de la inclusión, y eso, estoy seguro, nos hará una sociedad más solidaria y feliz.

CAPÍTULO I:

LA COSMOVISIÓN

Mi adorada Meritxell, mi "Corazona", quisiera contarte tantas cosas, pero en este libro quiero explicarte el valor de la diversidad. Nunca vivirás sola, tendrás siempre amigos, compañeros, familia, clientes. Tendrás que relacionarte con muchas personas, por lo que debes tener una mentalidad incluyente. Recuerda que cada persona que se acerque a ti enriquecerá tu vida, estarás rodeada siempre de muchas personas diferentes y eso es un gran tesoro que tienes que valorar, malo sería que todos los que estemos cerca de ti fuéramos idénticos. No aprenderías nada. Además, te enfrentarás a muchos retos en la vida y unos de los más importantes es que tengas una mentalidad incluyente, que jamás discrimines o hagas sentir mal a alguien por ignorancia, recuerda que lo más importante en la vida es que seas feliz y que hagas felices a las demás personas. Tener una mente incluyente te ayudará a convivir sin juzgar, a aprender de todas las personas y a poder trabajar en equipo valorando a los demás. Para ello debes prepararte mucho y, en lo que tú decidas trabajar profesionalmente, siempre toma en cuenta a todas las personas. Aparte de que tendrás más clientes, eso te hará mejor persona y serás mejor en lo que hagas, más humana más feliz.

Incorpora la visión de inclusión en tu filosofía, visión, misión y valores.

La historia de la humanidad es cíclica: tecnología y humanismo de nuevo tecnología y humanismo. Así vino el renacimiento, (humanismo) la ilustración la revolución industrial (tecnología), etc. Ahora estamos entrando a la nueva época del humanismo. Si yo hubiera dicho hace 25 años que tengo un teléfono inteligente, donde bajo unas apps, sería algo interesante, ahora no; en cambio si ahora digo "¿Por qué tienes tan pálida tu aura?" sería el tema de conversación de toda la tarde. Ahora, el saber humanista es lo importante de ahora, y debemos aprovechar esto. Es nuestra época, estos son nuestros años y no sabemos si serán 100, 200 o 300, tenemos esta nueva visión de que ahora lo más importante deben ser las personas que son causa y fin de todo lo que hagamos. Antes nos preocupábamos más por la calidad que por la integridad.

Nos tocó pasar por distintos un sexenios y programas educativos, donde por ejemplo, la calidad, losprogramas de integración laboral o integración educativa, eran prioritarios, pero ahora ¿qué es lo más importante dentro de la educación?, las escuelas de integridad. Yo no voy a medir cuántas computadoras tiene la escuela, yo quiero que se mida la autoestima del maestro, cómo está la felicidad de la directora, etc. Debemos de medir nuestra felicidad. El año en que yo nací, en el 72, el Rey de Bután, Jigme Singye Wangchuck propuso el término de felicidad interna bruta (FIB). Su intención era ya no solo mirar el crecimiento económico de una nación, sino observar el verdadero desarrollo de una sociedad humana, su felicidad. Ojalá ahora pongamos nuestros esfuerzos en lograr que nuestras instituciones alcancen ese ambiente de integridad. ¿Cómo lo lograremos? Muy fácil, preocupándonos y ocupándonos por las personas, ya no por las cosas.

Te haré una pregunta: "¿Qué es lo contrario de vida?", si respondiste la muerte, te equivocaste. El ciclo vital de los seres vivos es nacer, crecer, reproducirse y morir; en el ciclo de la vida está la muerte. Lo contrario de vivir es la tristeza. Una flor no piensa, estoy triste no sacaré petalos, no sería lo natural, la muerte es algo natural. Tenemos que respetar el ciclo de la vida, pero nos hemos creado la la tristeza y la depresión, que la metemos en la vida como si fuera parte de nuestro ciclo vital. Y lo más triste es que nosotros como sociedad le ponemos esos momentos tristes a las personas, al no hacer servicios para todos y negando el derecho o acceso a la educación, a la recreación, al trabajo.

Cómo no vamos a sentir tristeza, si la sociedad no nos puede dar los servicios para crecer, reproducirnos y morir disfrutando una vida plena, disfrutar una película, un buen café en un restaurante, o un bonito vestido que se acople a mi cuerpo, o simplemente una consulta psicológica en lengua de señas para resolver conflictos.

Si en tu institución o empresa ya tienen esta visión humanista, donde primero son las personas, ahora incorpóralo en la misión y visión. Incluye los valores de la diversidad, la no discriminación, la inclusión, etc., que en los documentos importantes se mantenga esta visión de respeto a la diversidad. Esto ayudará a tener una línea más clara para hacer estos cambios. Como decía mi la tía Adela, "las escaleras se barren de arriba hacia abajo." Sí, desde nuestra filosofía, misión, visión y valores, lo hacemos de igual manera, se nos hará más fácil mantener este compromiso de generar *intra* y *extra* muros nuestra responsabilidad con la sociedad.

Piensa en la equidad no en la igualdad

Tenemos que lograr ver en las escuelas, en las empresas, en las familias, personas felices, preocupándonos menos por la calidad de las cosas y ocupándonos más por la calidez de los servicios, dándole a cada uno lo que necesita.

Una palabra que no me gusta para nada es la de "tolerancia". No la uses, pues cuando escucho que alguien dice "me he dispuesto a ser tolerante contigo" o "a pesar que seas así te voy a tolerar", me siento disgustado. ¿Te gustaría que te dijeran eso? ¿Qué responderías? Ya cuando alguien te dice que te tolera quiere decir que tú no eres algo positivo, y por ende hay que tolerarte. Creo que es una palabra que puede iniciar guerras. Tener que ser tolerante con ese grupo de personas, quiere decir que no es un grupo muy positivo, que a pesar de todo ese grupo seguirá ahí, y no te queda de otra, más que tolerarte para verte educado. Cuando tienes una visión incluyente no toleras, valoras.

Tengamos en cuenta siempre que todos los seres humanos pertenecemos a la misma especie y somos iguales en dignidad y derechos, pero cuantas veces se nos olvida y hacemos distinciones VIP. Desde que nacemos nos damos cuenta que en nuestra sociedad no somos iguales, que hay problemas por las diferencias de edad, razas, fronteras, estados, hasta por colonias, y solo hasta la muerte escuchamos las palabras "no somos nada". Cuando ves a la persona sin vida te das cuenta que todo era accesorio (bienes, raza, discapacidad, apariencia, éxitos, puestos) no valen nada, y lo único que vale la pena es el disfrutar la vida, ser feliz y luchar por ideales que nos beneficien a todos. Para ello debemos de pensar en la equidad y la solidaridad.

Otra palabra que no me gusta es la de "igualdad". Si todos somos diversos, por qué tendríamos que hablar de ella. Si hubiera "igualdad" tendría que haber libros escritos en Braille para todos, o que todos los noticieros estuvieran en lengua de señas y sin voz. No, tenemos que buscar la equidad. A una persona con disCapacidad visual que usa Braille, le haremos su libro en Braille; a una persona con disCapacidad visual que usa lector de pantalla le haremos en texto que lo pueda escuchar con un programa parlante, el que quiera en audio libro; si tiene disCapacidad intelectual, le haremos un libro en lectura fácil y hay quien lo quiera en papel y otro electrónico. Eso, es equidad, dar a cada uno lo que necesita, por ello me gusta más hablar de equidad.

La equidad la deberíamos aplicar en cada uno de nuestros servicios que ofrecemos pensando en todos, niños, personas que hablan otro idioma, poblaciones de la diversidad sexual, pueblos indígenas, adultos mayores, personas con obesidad, personas con disCapacidad mental, intelectual, física, sensorial. Entonces vemos que la única constante del ser humano, es la diversidad, pero para entenderla, tenemos que desarrollar la cultura de la inclusión. La diversidad es lo más genuinamente humano y requerimos no sólo de un cambio estructural sino un cambio profundo en ideología, política y educación.

Elimina el enfoque asistencialista

Mi primer acercamiento con la disCapacidad fue hace más de 40 años. Una mañana vi a mi vecina bajando de su coche, abrió la puerta y lo primero que bajó era una rueda de su silla, luego el asiento y le puso la otra rueda. Quedé sorprendido y admirado. Sentí una emoción por todo mi cuerpo que nunca había pensado sentir. La vi así, con su tez blanca, con un pelo largo, negro, ondulado muy cuidado. Su silla, no era una silla de ruedas común, ahora sé que era una silla para jugar basquetbol, no sé por qué me impresiono tanto, pero positivamente claro, lo primero que pensé es que yo quería una silla de esas.

A los pocos días se hizo amiga de mi mamá, las dos muy amigueras. Nos invitó a partidos de basquetbol en Ciudad Universitaria, ¡Huy!, era increíble verla jugar, con esa agilidad y a todo su equipo. Recuerdo que en una vuelta cayó al piso, yo quería brincar las gradas para ayudarla, pero en 5 segundos, ya estaba de nuevo en su silla con la pelota. Ahí fue mi primer aprendizaje de la disCapacidad, no verlos como personas que necesitan ayuda, sino como personas que se pueden valer por sí mismas, que ridículo hubiera hecho yo al ir a correr a ayudarla y detener el partido. Era tan pequeño que me hubieran aplaudido algunas personas mayores, pero sé que los miembros del equipo no me hubieran vuelto a invitar. Desde ese día soñaba con el día de ser deportista en silla de ruedas.

Había muchas reuniones y muchas fiestas en su casa, imagino que celebrando los éxitos de sus partidos. Me encantaba ver cómo iban llegando a su casa uno por uno sus amigos con sus sillas de ruedas padrísimas otros con muletas. Deseaba tanto pertenecer a su equipo.

Mi abuela Luz me había enseñado a rezar, sabía muchas oraciones, por lo que en las noches después de varios rezos pedía a Dios que me diera una silla de ruedas, pero por más que pedía nada. Un día le pregunté a mi mamá, bióloga de profesión, por qué nuestra vecina tenía silla de ruedas y ella me contestó muy científicamente, que le había dado un virus llamado polio. Tenía una esperanza más para poder tener mi silla de ruedas y poder ser un medallista paralímpico, poder viajar y salir con sus amigos paralímpicos. Yo pensaba que si mi hermana me había contagiado la varicela, no sería tan difícil de contagiarme de polio, creía que rápidamente el virus llegaría a mí, la abrazaba y la besaba, pero nada. Pasaban las semanas y yo caminaba igual. Contrariado por eso le pregunté a mi mamá, por qué no me daba polio, se puso seria y con cara de espanto me dijo, "tú nunca tendrás polio, porque ya te vacunó el Dr. Guzmán". Más mal me cayó ese pediatra, me sentí muy triste por la noticia, aunque no perdía la esperanza.

Todas las noches esperaba que mi amiga, sí, se había vuelto mi amiga, pasara frente a la casa. Prendía la luz de la calle para que viera mejor el camino, y siempre escuchaba su voz amable dando gracias. Me dormía esperando algún día ser como ella y sus amigos. Yo no quería ser doctor ni bombero ni esas profesiones que todos los niños querían ser. Eso no era tan espectacular como ser medallista paralímpico, viajar por el mundo, tener un equipo de amigos donde confabulaban estrategias, amigos que reían de todo y se burlaban de todos los "parados", como nos decían a los que caminamos.

Recuerdo que una amiga platicaba que un día se levantó tarde, ella no caminaba, siempre traía su silla de ruedas, pero ese día se le hizo tardísimo por lo que decidió ni siquiera quitarse la pijama se subió a su coche y fue a dejar a su hija a la escuela para que no le cerraran la puerta del colegio. Apenas se recogió el pelo se puso una bata y arrastrándose por el piso se subió a su coche, la niña muy peinada y con su mochila subió de copiloto. Sorteando los coches y semáforos dejo a la niña puntual en su escuela. De regreso, ya más calmada de las prisas, en un cruce se le estampa un coche en el lado de la puerta del conductor. El golpe no fue muy fuerte, pero ella ya no podía salir por su puerta. Rápidamente se acercó la gente gritándole al otro conductor por haberse pasado la luz roja. Del lado del conductor no podía salir mi amiga, por el cristal del copiloto le tocaban y le gritaban "¿está bien?, salga, señora salga". Ella, desde adentro les hacía la seña con el dedo de que no, y les decía "No puedo no camino". La gente espantada gritaba "está herida no puede salir", no tardaron mucho los metiches en romperle el cristal del copiloto para sacarla, no la dejaban hablar, ni la escuchaban. Ella sólo repetía que "no puedo salir, no puedo caminarrrr", y los hombres la sacaron como pudieron del coche, la pusieron en el piso y gritaban "una ambulancia la señora esta herida no puede moverse". Hasta que mi amiga ya tirada en el piso rodeada de una multitud de chismosos gritó fuertemente "nooo puedo caminaaar desde hace diez años, miren todo lo que hicieron, rompieron el cristal de mi coche, me lastimaron al sacarme y me dejaron tirada aquí en el pisoooo". Rápidamente los chismosos acomedidos desaparecieron. Ella contaba esta anécdota muerta de la pena, siempre glamurosa ella, diciendo "lo peor era que yo estaba ahí en pijama tirada en la calle", todos soltábamos las carcajadas, ella tampoco paraba de reír.

Otro amigo me contó que se fue a San Luis Potosí, tuvieron que ayudarlo a subir al autobús y dejar su silla de ruedas abajo, junto al otro equipaje. Llegando a San Luis, ya en la madrugada, él se quedó dormidísimo, cuando con unos leves toques en el hombro, fue despertado por el conductor "Joven, joven ya llegamos", mi amigo se medio despertó y le dijo al chofer si alguien lo podía ayudar a bajar. El conductor rápidamente fue a pedirle ayuda a un policía que fumaba un cigarrillo en ese momento. Mi amigo desde la ventana del autobús vio como el conductor le dijo al policía "¿me ayuda a bajar a un joven que está arriba del autobús?" El policía hizo una cara seria, tiro su cigarrillo recién prendido y con todo el porte de autoridad, subió al autobús dando pasos largos y le dijo a mi amigo tronándole los dedos "se me baja, pero ahorita". Ja,ja,ja, no podíamos de tantas carcajadas sólo de imaginar la cara de susto de mi amigo al ver que la autoridad le exigiera que bajara del autobús y luego imaginar al policía cuando le dijeron, "no es que no se quiera bajar, es que no puede caminar".

Así hay cientos de anécdotas. En el momento te ríes, pero si te das cuenta es triste que nos falte información como sociedad, que vemos menos a las personas que son diferentes y nos dan lástima sin ver que la lástima lastíma, que las personas que ofrecen servicios: choferes, policías, meseros, psicólogos, arquitectos, maestros, etc. no sepan cómo tratar a las personas de su misma especie y las tratan como si fueran de otro planeta. Imagínate que nos estuvieran viendo desde marte y digan "allá los terrícolas atienden distinto a cada persona según sus disCapacidades, qué raro que piensen que son diferentes seres humanos". Todos somos uno, claro que hay diversidad como en toda la naturaleza. Nunca verás dos gotas de agua iguales, o dos copos de nieve iguales, ni siquiera dos hojas del mismo árbol serán idénticas y, sin embargo, todos somos parte de este maravilloso mundo y todo lo que crea la naturaleza es una fuente de riqueza.

La diversidad enriquecerá el espacio

El pensar la diversidad me hacía ver la disCapacidad como una oportunidad. Ver a mis amigos reír, tener cosas importantes que platicar y sobre todo una manera de ser feliz que no veía en las otras personas. Al contrario de otras personas donde sus pláticas trataban sobre criticar a los demás, de hablar de política y problemas económicos, de ver que cosas nuevas habían comprado o pensando, de cómo ser mejores sin darse cuenta de lo valiosos que ya eran. Con mis amigos en silla de ruedas no eran así, las pláticas, eran profundas. De los viajes que estaban en puerta, de los obstáculos que ellos tenían que superar, etc. Estaban más preocupados por ellos, por la salud de sus compañeros, por sus escaras y llagas, por los que se habían muerto por infecciones, que por toda la parafernalia de la sociedad, eso nos debe enseñar a ocuparnos en las personas y no preocuparnos por los objetos.

Lo único que pasaba por mi cabeza era lo bueno que era el mundo de la disCapacidad. Lamentablemente, me alejé mucho de mis amigos de la escuela, aprendía y me divertía más con mis amigos con disCapacidad, mis compañeros de la escuela no sabían de lengua de señas ni de Braille, no tenían charlas emocionantes.

Ahora creo que también debí socializar más, jugar fútbol, juegos de mesa, hablar con groserías y albures, aunque no entendía mucho y sentía que cada vez se hacía una separación más grande. Un abismo entre mis compañeros de la escuela y yo. Tanto así, que en la preparatoria ni siquiera supe como se llamaban mis compañeros, yo iba a la escuela a cumplir, no a hacer amigos. Me sentía como en el metro, jamás le pregunté al de a lado su nombre y lógicamente he de haber sido muy aburrido como compañero. Pensaba que esto era porque no nos educaron desde niños y nos mostraron la importancia de vernos a todos igual. La desigualdad se da desde las telenovelas hasta las pláticas de las abuelas. Había dos grupos, los que tienen y los que no tienen la disCapacidad, como en las telenovelas la persona con disCapacidad era el malo de la historia o el que más sufría, y si era el protagonista, un capítulo antes de terminar la novela debían de quitarle la disCapacidad, ¿cómo se iba a casar estando así? se pensaba que la disCapacidad estaba peleada con la felicidad. Pero en la vida real no es así, las personas con disCapacidad también se casan y son igual de infelices que todos los casados ji,ji. No, es broma. Lo que debemos de hacer como sociedad es luchar por ser felices.

Pregúntale a una mujer embarazada "¿Qué quieres niña o niño?" normalmente te responderá ""Lo que sea pero que nazca bien". ¿Bien qué?, bien drogadicto, bien ratero. No, la respuesta si tiene una mentalidad incluyente debería ser, "como nazca pero que sea feliz". La disCapacidad no está peleada con la felicidad

Entonces la disCapacidad no es mala, simplemente es una situación de vida. Claro que todos quisiéramos ser perfectos y tener hijos perfectos, pero realmente no hay nadie así. La perfección está en tu mente no en la realidad. Cuando un doctor avisa a los padres de un recién nacido que su hijo tiene una disCapacidad, parece que tiene que poner una cara de tristeza y decirles en tono solemne, "su hijo tiene disCapacidad", y nosotros deberíamos de reaccionar como en las telenovelas con un grito desgarrador,"¿Por qué a míííí?'". En cambio, si nos dicen que tiene ojos claros lo vemos bien, ¿por qué?, pues es cultural así nos han enseñado lo que es bueno o malo para la familia.

¿Por qué pensamos que la tristeza, la pobreza o la infelicidad está pegada con la disCapacidad?, si nace sordo podrá ser el próximo Beethoven, que nació con Asperger que se agarren Albert Einstein e Isaac Newton por que ya nació mi hijo y será más famoso. Que nació ciego, habrá mejor cantante que Andrea Boccelli y Stevie Wonder. La disCapacidad no te hará menos o más feliz, lo que influye es la sociedad que no está preparada, ¿serías feliz si no pudieras cruzar la calle por que el arquitecto no hizo la rampa y vienes en silla de ruedas? ¿Cómo te sentirías, si quieres entrar al restaurante a ver a tu mejor amigo que no ves en años y no tiene rampa, y que tengas que pedirle que cambien de lugar para reunirse? Imagina que no ves y pides la carta en el restaurante y al dueño nunca se le ocurrió ponerla en Braille, para saber lo que cuestan los alimentos, ¿cómo pedirías la cuenta si tienes prisa y no ves, parándote, haciendo ademanes, para ver si aparece un mesero? Querer inscribirte a un curso online y que no tenga subtítulos y eres sordo, ir al banco y depositar tu aguinaldo y que el cajero no te dé tu recibo en Braille y no puedas ver cuanto te depositó, son miles de barreras que como sociedad y por nuestra ignorancia ponemos a las personas. Si tuviéramos una cultura de inclusión, pensaríamos dos veces antes de preparar nuestro servicio y diseñarlo para todos. No olvidemos que el 15% de la población tiene disCapacidad, si quieres 15% más de clientes prepárate para brindar servicios incluyentes.

Piensa en inclusión no en integración

Hay diferentes modelos que a lo largo de la historia nos ha tocado vivir. Desde el demonológico donde se pensaban que había fuerzas mágicas y la persona con disCapacidad era como un demonio o los mayas que pensaban que las personas con disCapacidad eran dioses. Así, también vino el modelo asistencial que era ver a las personas con disCapacidad con lástima: darles una despensa, un aparato auditivo, un bastón o una silla de ruedas para ayudarlos. Luego vino el modelo médico o rehabilitador donde se pensaba que con solo rehabilitarlos ya estaba resuelto todo y se trataron como enfermos.

Pasaron los años y vino el modelo integrador que también era triste, y donde se decía, "dénles la oportunidad, ustedes que, sí tienen trabajo, dénles a estas personitas un espacio", escuchaba yo, retorciéndome del coraje. Lo podíamos leer en los periódicos o ver en la televisión. Era voltear a ver a un grupo social inferior y escuchábamos, "la empresa fulanita de tal ya contrata personas con disCapacidad". Imagínate que terrible sería si dijeran en nuestra época, "La empresa X ya contrata mujeres, se le da la oportunidad a esas pobres, que luchan día a día y a pesar de estar así, débiles y sin estudios les daremos la oportunidad para que trabajen con nosotros". Sería el comentario más machista, pues así es de discriminatorio decir que les damos oportunidades a las personas con disCapacidad.

En la integración se realizan transformaciones superficiales y momentáneas, es parcial y condicionada. Las personas con disCapacidad son las que deben adaptarse, y se centra en la diferencia de la persona porque como minoría tiene que adaptarse al entorno. Hay un alto grado de competición, individualidad y existen prejuicios. Por eso, se da la integración, porque todavía no podemos pensar en todo para todos sino en dos grupos los que tienen y los que no tienen disCapacidad; la cual es una visión individualista.

En cambio, la inclusión siempre está basada en los principios de equidad, cooperación y solidaridad, donde la sociedad se vuelve más atenta a las necesidades de todos. Se realizan transformaciones profundas tanto en inmuebles como en procedimientos. No hay separaciones entre normales y especiales, y está centrada en observar y desarrollar las capacidades de las personas. En la inclusión la sociedad se adapta para atender las necesidades de las minorías con una visión de respeto a las diferencias, reconociendo que somos una comunidad y que las mejoras nos benefician a todos.

Con el tiempo, se comenzaron a hacer programas de gobierno como la integración educativa y la integración laboral, que lógicamente eran una ayuda para que los niños accedieran a la educación y los adultos al trabajo, pero el enfoque seguía siendo discriminatorio. Lo que necesitamos es un modelo de inclusión donde todo esté preparado para todos, donde no sea dar la oportunidad a esa pobre gente, sino equiparar oportunidades para que todos tengamos los mismos derechos, de estudiar, trabajar, divertirnos, formar una familia un negocio.

Muchas veces me preguntan en entrevistas "¿cómo ves a México en el tema de la disCapacidad?", y rápidamente contesto "muy bien". Haciendo cara de duda me preguntan el porqué y yo me doy cuenta de cómo ha cambiado la sociedad. Yo no soy tan viejo y me ha tocado ver desde niño cómo ha cambiado la concepción de la disCapacidad, de no poder mencionarla porque se veía mal y ahora hasta me contratan para hablar del tema. Aparte, tengo mucha esperanza, porque si el 15% de las personas tienen disCapacidad, cerca de ellas hay una familiar, su mamá, esposo, hija, son el 30% de la población, y cerca de ellos hay un profesional, un terapeuta, psicólogo, educador, entonces seremos el 45% de la población a los que nos interesa el tema, y ahora, si pensamos en los adultos mayores que cada vez crece más el número, pronto seremos una sociedad incluyente. Contando que tú, al leer estas líneas también te empoderes para hacer grandes cambios. Así que México tiene un buen pronóstico, solo depende de cada uno de nosotros para lograr la inclusión y llegar al modelo de cultura de disCapacidad, donde las miradas y los presupuestos ya no estén puestos en las personas con disCapacidad, sino en todos los profesionales que ofrecen servicios. Debemos de cambiar los currículos en las escuelas, donde nos enseñen desde niños la lengua de señas, el Braille, que en las licenciaturas tengamos materias de cómo construir una casa para sordos o diseñar logos para personas con disCapacidad intelectual, y también de materias como turismo incluyente, reclutamiento y selección de personal con disCapacidad, etc. Esto es nuestra siguiente chamba.

En estos modelos se avanzó mucho en los aspectos de inserción, integración, inclusión, y recuerdo la definición de mi amigo Paco, que en paz descanse, —bueno no, que siga de alegre y fiestero— él decía que la diferencia entre integración e inclusión era como los huevos con jamón, donde la gallina se integra, pero el puerquito se incluye, lo da todo. Ojalá fuéramos como el puerquito, no por un ratito, sino que todos los días pusiéramos todo nuestro empeño en hacer lugares para todos.

La integración corresponde a la incorporación de la persona en situación de disCapacidad; la inclusión significa que éste participe y logre una plena pertenencia al grupo, participando abiertamente en todas las actividades, y haciendo uso de los bienes y servicios que se ofrecen

Brinda servicios que desarrollen la autoestima

Siempre he dicho que lo peor que le puedes hacer a una persona es bajarle la autoestima y de las cosas mejores que puedes hacer por alguien es subir su autoestima y hacerlo independiente. Lo malo, es que no nos damos cuenta de todo lo que le bajamos en autoestima a las personas con disCapacidad con nuestras acciones y comentarios.

Recuerdo que cuando una amiga sorda de Salisbury, Inglaterra, me decía cúanto odiaba que las personas levanten las cejas cuando ella les pregunta algo en señas. Yo sé que es normal que cuando alguien se te acerca y te hace unos ademanes, levantes las cejas de duda y sorpresa porque no sabes qué responder, pero ella me hacía ver lo grosero que es cuando levantas las cejas. Para ella significa: no te entiendo, no somos iguales, no sé tu idioma, me espantas, me incomodas, no podré atenderte. Sólo con un simple alzar las cejas, ella sentía que era diferente a los demás. Con algo tan simple podemos bajar la autoestima de alguien. Por eso, ella ya tenía sus caminos conocidos y las personas que sabía que la atenderían bien.

Una vez sucedió que ella quería cortarse el cabello por lo que fue a su estética de siempre, y ese día la muchacha que la atendía no estaba, como ella tenía prisa aceptó que la atendiera un muchacho. En señas le dijo que quería cortarse el cabello. El inocente muchacho le levantó las cejas, ella hizo cara de enojo y se golpeó la pierna con su palma. El muchacho se puso muy nervioso porque no le entendía. Aterrorizado, le ofreció el asiento a mi amiga, ella se quito sus aparatos auditivos de las orejas y los dejo en el mostrador de enfrente. El muchacho no sabía cómo preguntarle que tipo de corte, mi amiga como pudo le explico. Él seguía nervioso y se distraía viéndola, a cada momento, si su trabajo le gustaba a su cliente. En una de esas distracciones le pico un poco con las tijeras. Mi amiga no sabía si llorar por el dolor o reír por ver el agobiado del muchacho, pero no pudo aguantarse las carcajadas cuando el preocupado muchacho soltó las tijeras fue hacia el mostrador y acercándose a los aparatos auditivos pronunció, "sorry, excuse me please". Mi amiga dice que lo que le había bajado la autoestima al recibirla y no entenderle, a ella se le subió viendo a una persona que le pedía perdón a unos aparatos auditivos, pobre muchacho, todo lo que le faltaba por vivir, pensó mi amiga.

Muchas veces nuestros comentarios son muy hirientes por esta falta de cultura, muchas veces me tocó escuchar cómo le decían a Perla Moctezuma, que era famosa por dar las noticias en la televisión, "te admiro mucho, eres un ejemplo, que a pesar de estar así, eres famosa". No sé de dónde las personas veían el piropo. Es una ofensa y quiere decir que la persona la ve menos por su disCapacidad.

Tenemos que dar elementos a las personas con disCapacidad para que se valoren y vean todas las herramientas que tienen y las sepan utilizar. Una vez vi en un programa de televisión a la niña lobo y le preguntaban, "¿a ti te molestan en la escuela?" Y la niña contesto con cara triste, "Sí, siempre me molestan". Yo pensaba que me manden a esa niña un mes, para enseñarle a contestar: "mira tú me vuelves a molestar y te como a ti y a toda tu familia, hoy que hay luna llena". ¿Cómo pueden molestar a la niña lobo? Nuestra contribución al respecto es empoderar a las personas.

A los niños con disCapacidad visual hay que enseñarles que son ciegos antes de que entren a la escuela. Los papás no les dicen nada, juegan con él a la pelota poniéndosela en la punta de su pie y al llegar a la escuela corren los niños tras la pelota y él dice, "¿por qué yo no encuentro la pelota?" Al niño hay que enseñarle y hacerle sentir orgulloso de ser quien es, para que cuando jueguen al fútbol y corran, él le pida a otro niño que le dé la mano. El niño tiene que saber y estar consciente de que tiene una disCapacidad y que él tendrá otras habilidades como en el tacto o la memoria.

Hay que recordar que las personas con disCapacidad no son ángeles del cielo ni demonios del infierno, simplemente personas e iguales a todos. Somos personas, y si tenemos la visión de que son seres superiores o inferiores no podemos verlos al mismo nivel y poder tener esa visión de que todos somos iguales (raza humana) y cada uno con sus diferencias.

Revisa que tus servicios den respuesta a la diversidad

Diferencias hay muchas, entre las personas adultas mayores encontramos las que pueden caminar, las que no, las que pueden leer todavía, las que no, los que tienen enfermedades crónicas, las que no, y también nos encontramos con la población de la diversidad sexual, las personas con movilidad reducida por múltiples caídas, personas con diferentes estaturas, personas con disCapacidad, entonces, ¿por qué seguimos diseñando productos y servicios para un solo tipo de persona? El arrepentimiento viene después, cuando nuestros padres son mayores y ahora sí, nos aparecen todas las barreras, o cuando adquirimos la disCapacidad y se nos acaba el mundo, porque ya no tendremos acceso a los servicios que teníamos. Es por ello que cada vez que diseñemos un producto o un servicio, hagamos un repaso por las necesidades que puedan tener todos para lograr un servicio más inclusivo.

Hay muchísimas disCapacidades, pero se dividen sólo en cuatro: Física, Intelectual, Sensorial y Mental. Así lo define nuestra Convención Sobre los Derechos de las Personas con Discapacidad. Tal vez después cambie, pero ahora es nuestro documento rector, que dicho sea de paso lo promovió ante la ONU, Gilberto Rincón Gallardo, un ícono de la disCapacidad en México. Gracias a él tenemos esta Convención que nos guía a nivel mundial.

1. La disCapacidad física o motora: está relacionada con el cuerpo, miembros y órganos en general. Es una deficiencia de tipo motora y/o visceral. Nos damos cuenta que tienen dificultad de movimiento.

2. La disCapacidad intelectual: Tiene limitaciones significativas en las habilidades conceptuales, sociales, vida en el hogar, autodirección y prácticas, y presentan especial dificultad en la comprensión de ideas complejas, así como en la capacidad de razonar. Presentan un proceso de aprendizaje lento e inteligencia menor a la media.

3. La disCapacidad sensorial: Originadas en el aparato visual, auditivo, garganta y estructuras relacionadas con el lenguaje.

4. La disCapacidad mental o psicosocial: Trastornos en el comportamiento adaptativo a las condiciones de vida y de la comprensión de la realidad.

Muchas veces confundimos la disCapacidad intelectual con la mental. No sabemos distinguir qué tiene una persona, pues solo hay 4 tipos de disCapacidad. Aprendamos a ubicar bien el tipo de disCapacidad, si tiene movilidad reducida, es motora, no oye, no habla o no ve, es disCapacidad sensorial, etc.

Otro de los grandes errores que comentemos es decir, "bueno en realidad todos tenemos disCapacidad". ¡Nooo!, no todos la tenemos. Está muy bien definido cuando alguien tiene una disCapacidad y no olvidemos que la disCapacidad puede ser leve, moderada, severa o profunda.

No debemos generalizar. Porque un día vimos a alguien con una disCapacidad que podía o no podía hacer algo, no pensemos que todos son el mismo caso. Una vez invité a una amiga sorda de Tijuana a impartir un curso de lengua de señas en Morelia. Compré su vuelo y preparé todo lo necesario para que estuviera lo más contenta y cómoda. El curso, como siempre lo dio increíble, en esa semana todos quedaron muy contentos. Yo estaba muy feliz al ver que ella se sentía satisfecha y muy querida por los alumnos. Llegó el día de su regreso y todos se pusieron muy tristes por su partida. Fui a llevarla al aeropuerto de Morelia, estábamos ya en la fila para documentar su equipaje, cuando la señorita del mostrador le dice que pase. Yo en lenguaje de señas le dije que pasara y mostrara su identificación. La señorita me vio y me preguntó si viajaba yo también. Le dije que no, que sólo venía acompañándola. Muy seria y en su papel me dijo que no podía viajar sola por reglamento de la aerolínea. Casi me infarto, ¿cómo que no podía viajar sola si así había viajado toda su vida? La señorita dijo que si no la acompañaba en el vuelo no podría ingresar, qué desesperación estar enfrente a una persona que no sabe más que seguir instrucciones y no hacer uso de un criterio propio. Le expliqué varias veces que no tenía ningún problema para viajar sola, pero la señorita con su mente cerrada sólo sabía decir que no. Los de la fila ya estaban desesperados porque perderían el vuelo, entonces un señor que estaba detrás de nosotros le dijo a la señorita que pusiera que ella venía con él. Sólo así la dejó ingresar, he hizo firmar al señor una responsiba. Mi amiga, estaba apenada por lo sucedido. En cuanto entró a la sala de abordar, fui furioso a quejarme a la aerolínea, esto no podía pasar y lo más grave es que estuviera en un reglamento. La persona de la aerolínea que me atendió, fue un poco más amable, me platicó que semanas antes había llegado un vuelo de Tijuana con un señor, algo mayor y sordo.

Conquista 30% más clientes y posee mejores empleados

Aterrizaron a las 6 de la mañana y nadie llegaba por el señor. Las autoridades del aeropuerto le dijeron a la aerolínea que ellos se tenían que hacer responsables de su pasajero. Yo imagino que el aeropuerto cerrará en algunos horarios que no tengan vuelos y hasta han de haber pedido que pagaran las horas extras del personal, no lo sé, pero fueron por el señor hasta ya entrada la noche. Ya sabes, hay días que todo te pasa. A los familiares se les podía haber descompuesto el coche en la carretera, o haber complicado el traslado por la lluvia, haber chocado o no traían dinero para la gasolina, etc. Llegaron hasta la noche por él. Los de la aerolínea tuvieron que acompañarlo, alimentarlo y tranquilizar al señor que no podía comunicarse con nadie. Por esa razón habían determinado que ninguna persona en situación de disCapacidad podía viajar sola. Eso fue lo que me comentó la señorita de la aerolínea, y yo le dije, "muy triste su historia, le pido a Dios que ninguna mujer vomite en el aeropuerto sino harán una política que ya no entren mujeres y usted perderá su trabajo." Si generalizamos, destruimos.

Tener una correcta cosmovisión de la disCapacidad nos ayuda a ser incluyentes, en resumen:

1. **Recordar que estamos en una época humanista.** Debemos aprovecharla y dar prioridad a las personas antes que a las cosas. Hay dos líneas importantes para trabajar la sustentabilidad y la diversidad. Empieza hoy a dar prioridad a la atención con calidez.

2. **Pensar en la equidad no en la igualdad.** Pensar que nuestros servicios los usarán diferentes tipos de personas, genera diferentes opciones de servicio.

3. **Eliminar el enfoque asistencialista.** No necesitamos ver a las personas con disCapacidad como vulnerables o como débiles, hay que verlas como clientes.

4. **La diversidad nos enriquece.** Al ofrecer servicios para todos estamos creando una sociedad más justa e individuos más solidarios, iremos sensibilizando y educando a la sociedad para ser incluyente.

5. **Piensa en inclusión no en integración.** No hagas espacios aparte, piensa en espacios y servicios para todos, no es un favor, es un derecho que tenemos todos.

6. **Brinda servicios que desarrollen la autoestima.** Haz a tu cliente feliz, que se vea todo el esfuerzo que haces para brindarle los mejores servicios y que se sienta autónomo en tu espacio.

7. **Pensar que mis servicios den respuesta a la diversidad.** Cuando veas en tu empresa o institución personas con diferencias, podrás ver que hiciste un buen trabajo.

CAPÍTULO II:

LA COMUNICACIÓN

Como en cualquier cultura, la base de la cultura de la inclusión es la comunicación. ¿Cómo podríamos compartir las creencia, tradiciones, recetas si no tuviéramos forma de comunicarlas? En la cultura de la disCapacidad hay muchas formas de comunicarse: los sordos signantes se comunican con lengua de señas, las personas con disCapacidad visual se comunican con Braille o con mensajes de audio, etc. La comunicación es la base de una cultura y su terminología nos ayuda a entender cómo es su concepción del mundo.

Cuando yo era niño, se usaba el término de inválido. Lo escuchaba en las telenovelas y en las pláticas de las amigas de mi abuela. Decían, por ejemplo, que la hija de Rosita se había quedado inválida, hasta la boca se tapaban con la mano. Que término tan terrible, ahora ya no valía nada nada la hija de Rosita.

Usa la terminología correcta

Mi mamá estaba estudiando un postgrado sobre divulgación de las ciencias. Un día llegó feliz a casa con una tarjetita, "háblale a esta persona que está metida en todos tus rollos eso de la disCapacidad". Inmediatamente le hablé. Mi madre pronto murió y no se dio cuenta de lo que había hecho, me había presentado a mis padrinos de camino de vida, Esther y Federico. Cómo recuerdo esas deliciosas cenas en su casa con pasteles y fondues de chocolate, siempre unos excelentes anfitriones. Esas cenas fueron un máster en terminología. Yo no conocía la terminología incluyente, y sacaba todos los términos erróneos. Federico, que no se caracterizaba por su paciencia, inmediatamente me corregía. No se me olvidará el día que le dije que yo quería ayudar a los inválidos, ¡Huy!, me dijo de inmediato "¿cuánto crees que valgo yo?" Sin saber qué responder, me dio una cátedra de términos. Ese día dejé de usar los términos de inválido, minusválido, el discapacitado, enfermo, lisiado, etc. El término correcto es persona con disCapacidad o persona en situación de disCapacidad. Esas pláticas con ellos me abrieron la mente y comprendí que el lenguaje refleja nuestro pensamiento, por ello debía utilizar los términos adecuados. Ellos tenían una asociación, este año cumplen 30 años de intenso trabajo, han hecho cambios significativos para la inclusión en México. Libre Acceso, ahí me formé para hacer mi mayor esfuerzo en derribar las barreras físicas, culturales y sociales que impiden a las personas con disCapacidad la plena inclusión a la vida activa. Fui nombrado con mucho honor Asociado Honorario, el número 71 recuerdo, fueron años de mucho aprendizaje, cada junta donde se abordaba cómo eliminar las barreras era una materia más para mí.

Después se puso de moda el término de personas con capacidades diferentes, que no es correcto porque no dice nada. Todos somos personas con capacidades diferentes y sería tan grave usarlo en las leyes que se perderían los presupuestos para disCapacidad, porque no se sabría a quién dárselos. Si hay un millón de pesos presupuestado para personas con capacidades diferentes, ¿a quién se los das, al que canta bien, al que tiene premio nobel, al que sacó premio de matemáticas?. Debe de estar muy claro el término para saber para quién son y poder distribuir ese presupuesto. Todavía vemos en algunos lugares de estacionamiento que dice: "Este lugar es reservado para personas con capacidades diferentes, si dejas tu coche la multa es de 4 a 6 mil pesos", yo pensaría que alguien al ser primer lugar nacional en matemáticas, podría decir que tiene una capacidad diferente y llevaría mi diploma para demostrarlo.

Una cuestión que no te puedo dejar de mencionar es la dificultad que se tiene en encontrar las denominaciones correctas, y que sean aceptadas por todos los colectivos implicados. Se discute si se trata o no de una disCapacidad, otros colectivos discuten si el término debería ser diversidad funcional. Estos debates van más allá de lo que se considere políticamente correcto. Ya que los términos son resultado de nuestra cosmovisión.

El término ha cambiado con el tiempo, y pienso que seguirá cambiando. Gracias a esto nos ayudará a tener una mejor cosmovisión de la disCapacidad.

Como ya te habrás dado cuenta cuando escribo la palabra disCapacidad pongo la C mayúscula y te explicaré el porqué.

Una vez en un curso que estaba dando de Proyecto de Vida, alguien preguntó sobre las personas con "capacidades diferentes". No era el tema de disCapacidad pero no podía quedarme callado sin corregir el término, y le expliqué que el único término correcto es personas con disCapacidad, y es como se menciona en la Convención Sobre los Derechos de las Personas con DisCapacidad a nivel mundial. Al salir de la clase se acerca un alumno con disCapacidad visual que me había escuchado y me dijo, "Espero que se dé la oportunidad de conocerme y se dé cuenta que no tengo ninguna disCapacidad". Se dio la vuelta un poco molesto y no pude decirle que ese es el término a nivel internacional es el correcto ahora. Tal vez se sintió agredido. Tenía razón al creer que yo le daba más importancia al término y no a él como persona y que primero veía su disCapacidad que sus capacidades. De ahí decidí resaltar la Capacidad en el término, pero no podré cambiar el término. En noviembre del 2018, fui a Barcelona, ahí escuché el de persona con diversidad funcional, mi amigo Juande y Antonio Centeno, de Barcelona, me corrigen a cada rato de que ya no diga disCapacidad, me dieron toda una cátedra de términos esos días, pero mientras tendré que usar el que está en nuestra Convención.

El usar los términos correctos habla mucho de nuestra educación. Recuerdo una invitación que me hicieron para un gran congreso de una universidad. Me dieron dos horas para hablarles de la terminología correcta. Busque las raíces de cada palabra y no me quedó ninguna duda en cuanto a los términos pude hablar dos horas. Pasamos al momento de las preguntas. Les habían pasado papelitos a los asistentes para que anotaran sus dudas, y cuando llegan las preguntas a mi mano, me llamó la atención un papel que decía: "Maestro, se debería de preocupar más por ayudar a las personas con disCapacidad que por la terminología". Lo bueno que había escrito su nombre, así que leí el comentario en voz alta y dije: "¿Quién fue la VIEJA que escribió esto?", con un tono molesto y levantando la tarjetita. El Rector que estaba sentado enfrente de mí parecía el exorcista, movía y movía la cabeza de lado a lado espantando buscando a la alumna o maestra que habría escrito el comentario. Afortunadamente y muy valiente la maestra se puso de pie y dijo: "yo", con cara de enojo. Con voz cariñosa le dije "¿Cómo se sintió usted cuando le dije Vieja?", "pues muy ofensivo", respondió. Giré la cabeza para ver a todos y les dije: "¿ven lo importante que son las palabras? Podemos perder una relación cercana, nos hacen sentir, nos hacen reaccionar, hasta una guerra podríamos iniciar, cuiden mucho sus palabras. A veces son más ofensivas que sus acciones", pedí una disculpa a la maestra y finalicé la conferencia. Usar los términos correctos habla de nuestra preparación en el tema. Cuida mucho tus palabras en tus textos o discursos cuando hables de disCapacidad o inclusión.

Tampoco digas discapacitado, nunca nos dirigimos a alguien por una característica física. Es una falta de respeto, nunca decimos cuidado con el anteojudo, ya viene la obesa o aquí está el naco. Entonces ¿por qué le dicen el disCapacitado? O siempre antes debemos incluir la palabra persona, persona usuaria de lentes, persona con disCapacidad o en situación de disCapacidad, pero nunca uses discapacitado es muy ofensivo.

También es muy despectivo decir "enfermitos". "Es que mi hijo está enfermito", lo he escuchado muchas veces. No están enfermitos, tienen disCapacidad. Otro término incorrecto es que "sufren de disCapacidad": imagínense, "den despensa a los que sufren de disCapacidad, a ella no, porque está sonriendo, no sufre". Nosotros no podemos saber si sufre o no la sufre. ¿Ernesto sufre de cabello lacio o Linda sufre de cabello rubio?, no sabemos, esa es solo una de sus características, no sabemos si la sufre, solo diremos Ernesto tiene cabello lacio y Linda cabello rubio.

Otro término erróneo es personas con capacidades especiales: como si volaran o se pudieran hacer invisibles. A muchas mamás y maestras veo que se les llena la boca cuando dicen que tienen un hijo especial o un alumno especial. Lo triste, es que hasta que no lo vean igual que los otros niños no lograrán su inclusión plena. Si los vemos como ángeles o demonios nunca serán personas, y no llegaremos a tener una mentalidad incluyente, todos somos iguales, sólo con algunas diferencias agregadas. Si el niño se siente especial, requerirá de atención psicológica, él y su hermano que no fue especial para la familia hasta que se den cuenta que los dos son miembros de esta sociedad tan rica y tan diversa como la naturaleza lo requiere.

Otro término mal usado es el de "sordomudo". Los sordomudos no existen desde 1880, en el Segundo Congreso Internacional Sobre la Educación de los Sordos, celebrado en Milán, Italia, donde Alexander Graham Bell, dijo que no existían, que sólo eran personas sordas. Aunque ese Congreso es uno de los más obscuros hitos de la historia de la comunidad sorda, desde ese día el término cambió a persona sorda. En México se había avanzado en la educación de las personas sordas, pero llegó esta nueva idea de Bell de eliminar la lengua de señas para que los niños hablaran y llegó la corriente del oralismo, fue un regreso para la cultura del sordo, ahora habría que prohibir la lengua de señas y enseñar a los niños a hablar.

Una vez en una conferencia que organizamos, una niña con parálisis cerebral nos contó que una vez su maestra le preguntó, "Ahora con tantos cambios de términos, ¿Como te digo?". La niña, respondió: "Dime Sandra". Dirijámonos a las personas por su nombre, no como la disCapacitada, el enfermo, el obeso, la naca, si no sabemos su nombre podemos decir la niña, la señorita, el joven, la señora, tratemos de no etiquetar. Si escribimos un artículo, un oficio, o algún documento importante siempre será el término correcto persona con disCapacidad (visual, auditiva, de lenguaje, física o motora, intelectual o mental) mientras en nuestra Convención Sobre los Derechos de las Personas con DisCapacidad no lo cambie.

Aprende lengua de Señas

Todas las mañanas cuando iba para la escuela veía a una mujer guapísima salir de su casa en un coche rojo muy elegante, con las mochilas de sus hijos y acompañada de su mamá, una señora dulce de cabello blanco. Hablaba en señas y cuál fue mi sorpresa un día que no fui a la escuela, estaba ella interpretando en lengua de señas las noticias. Ya me habían dicho que nunca tendría polio pero imaginaba que si tal vez quedara sordo, podría ser el intérprete de las noticias. Sabía que eso era lo mío. Compré una monografía del abecedario, me aprendí el abecedario y traté de enseñarle a mis amigos en la escuela, pero no tuve mucho éxito, solo pude captar unas horas su atención. Muy envalentonado fui a buscar a Perla, y cuál fue mi sorpresa que fuimos a un restaurante, en avenida universidad en la Ciudad de México. Nunca había visto tantos sordos juntos, conocer a tantos amigos sordos fue un parteaguas de mi vida, aprendí otras formas comunicación, contar chistes, de ver la vida y la cultura del sordo. Fueron años de mucha fiesta, paseos y amigos. Creo que fui muy afortunado porque me enseñaron que hay otras formas de comunicarse, que no sólo necesitas la voz, sino que pueden leerse los labios, leer un texto, ver tus expresiones y desarrollar un sexto sentido para la comunicación. Por eso es tan importante no preocuparnos cuando hablamos con una persona con disCapacidad auditiva. Si sabemos o no la lengua de señas, hay tantas opciones para comunicarnos, señalando, hablando de forma clara y sencilla. No debe darnos nunca miedo o pena para comunicarnos con una persona sorda. Si tiene 30 años, tiene 30 años de experiencia dándose a entender, solo debemos poner mucha atención y ser sinceros cuando no entendamos. La persona buscará todos sus recursos para darse a entender y lógicamente eso espera de nosotros. Busca todos tus recursos para darte a entender, señalar, dibujar, escribir, vocalizar claramente y hacer expresiones claras sin exagerar.

Un amigo sordo tenía una bocina de mi estatura, y cuando la prendía mi cuerpo rebotaba. En las fiestas la ponía a todo volumen con la canción de caballo dorado donde todos los comensales sordos la bailaban parejito, al son de las fuertes vibraciones. Claro que no tardaron en tocar los vecinos que apagáramos eso, pero yo en señas les contestaba que no se podía o se acababa la fiesta, los vecinos se iban enojados y mis amigos se morían de la risa de cómo me hacía pasar por sordo. Pienso que todos deberíamos de saber lo básico en lengua de señas para podernos dar a entender. Imagínate en un choque, en el hospital, debería ser obligatorio en varias profesiones como es en Inglaterra para los bomberos, imagínate un doctor que no le sabe dar un diagnóstico a una persona sorda, el psicólogo, la nutrióloga, el mesero, el cajero, un ajustador en un accidente; un dentista sería genial poder platicar con el dentista a señas mientras tienes la boca abierta. La vida de las personas sordas cambiaría, pero la de toda la sociedad también. Nos podríamos comunicar de coche a coche y pedir permiso para pasar, poder platicar en la biblioteca, en el funeral, etc. seríamos mejores personas más incluyentes y más humanas. Espero pronto aprendas la lengua de señas.

Mi maestra Esther Fleischmann me había enamorado de la lengua de señas. Con ella aprendí la fascinante historia de la lengua de señas que data desde 1521. Nos hablaba del monje Benedictino, de Fray Pedro Ponce de León, hasta lo más moderno que había en la lengua de señas, tenía una biblioteca llena de libros sobre lenguas de señas de todo el mundo y muchos libros de ella, explicaba con su método y en cada clase movías las manos pero te movía el corazón. Nos enseñaba que la lengua de señas es la lengua de una comunidad de sordos, que consiste en una serie de signos gestuales articulados con las manos y acompañados de expresiones faciales, mirada intencional y movimiento corporal, dotados de función lingüística. Forma parte del patrimonio lingüístico de dicha comunidad y es tan rica y compleja en gramática y vocabulario como cualquier lengua oral.

Es importante aprenderla para:

- Comunicarse con las personas con disCapacidad auditiva usuaria de lengua de señas

- Aprender sobre identidad, cultura e historia de los sordos

- Entender y elegir acerca de oralismo, bilingüismo o signismo

- Es útil para niños implantados u oralizados ya que les da más oportunidad de tener información

- Reducir el aislamiento de las personas sordas

- Aumentar la autoestima de las personas sordas

- Comunicar sentimientos, emociones y deseos

- Difundirla y enseñarla para seguir enriqueciéndola

- Aprender y comprender las diferencias con el español

En la lengua de señas existe el abecedario dactilológico, que es la representación de las letras con las manos (Esther hasta diseñó las letras con las manos en un tipo de letra) y los ideogramas que son la representación de las palabras con las manos.

El abecedario dactilológico se utiliza para decir tu nombre, el nombre de una calle, palabras nuevas o que no existen ideogramas en la lengua de señas, pero las personas sordas no hablan diciendo letra por letra, signan con ideogramas donde cada palabra tiene su seña.

Algunos mitos de la lengua de señas:

- Es fácil aprender la lengua de señas. Como cualquier idioma tardarás unos 3 años aproximadamente en aprenderlo como cualquier lengua oral.

- Si aprende lengua de señas el niño ya no va a querer hablar. En ningún momento resulta ser una limitante para que el niño sordo aprenda a hablar, al contrario, le auxiliará. Recordemos que la persona sorda aprende por medio de su vista y será más sencillo que aprenda a hablar si antes logra entender los conceptos y la relación de las letras, palabras y objetos con la lengua de señas y posteriormente su pronunciación de una manera mucho más clara.

- La lengua de señas es universal. No, la lengua de señas es un idioma natural, cada país tiene su propia lengua de señas, dichas lenguas se conformaron por un proceso natural de la comunicación humana.

- La lengua de señas solo es simple mímica. Las lenguas de señas tienen una rica estructura gramatical caracterizada por la configuración de las manos, de sus movimientos, de sus orientaciones, de su ubicación espacial y de los elementos no manuales como son los movimientos labiales, faciales, etc.

El tema de la lengua de señas es tan profundo que cuando deseaba aprender cada día más, me llegaban más dudas. Cuando tuve la oportunidad me fui a Estados Unidos para estudiar más y conocer la Universidad de Gallaudet, una universidad para personas con disCapacidad auditiva en Washington D.C. Increíble lugar con tantos alumnos y maestros sordos. Una construcción como de cuento, la casa del rector de la universidad tenía un increíble estilo victoriano, pero lo más increíble de todo, fue lo que aprendí ahí. Empecé a estudiar todo sobre el oralismo, signismo y métodos educativos donde tuve muchos aprendizajes. Cuando visites Washington no dejes de visitar la Universidad de Gallaudet e indispensable, muy cerca de ahí, ir al monumento a Lincoln donde está su escultura tallada en mármol blanco por Daniel Chester French. Cuenta la leyenda popular que para rendir homenaje a Lincoln por haber firmado la legislación federal para que la Universidad de Gallaudet otorgara títulos universitarios, esculpió sus manos con sus iniciales en lengua de señas, con la mano izquierda forma una "A" y con su mano derecha forma una "L".

Muchos me preguntan sobre qué es mejor para su hijo sordo, si enseñarles las señas, oralizarlos o ponerles implante coclear. Yo les contesto que es como el chocolate, ¿cuál es mejor? ¿el chocolate negro o el blanco?, tal vez el de leche que es intermedio. Para valorar estas decisiones hay muchos aspectos a tomar en cuenta, la historia de la familia, los recursos que se tienen, si los padres son sordos, a cada quién le va una u otra decisión, no podemos generalizar. Lo que sí he pensado es que si fuera mi hijo le daría todos los recursos, lenguaje de señas, inglés, francés, que hable y que escriba diferentes idiomas, y como padre brindarle todos los recursos, para que él en un futuro vea cual fue más útil en su vida. Tal vez se tenga familia sorda signante y nunca vuelva a hablar, pero ya aprendió, tal vez nunca conozca a un sordo signante pero ya sabe las bases de la lengua de señas. Todo lo que podamos enseñar a nuestros hijos, para que sean mejores personas y tengan herramientas para defenderse en la vida, es bueno.

Escríbenos a juanmedinainclusion@gmail.com y te envíamos el abecedario dactilológico de tu país y el abecedario en Braille.

Aprende y usa el sistema Braille

Una vez en el laboratorio de la universidad donde trabajaba mi papá, vi que uno de sus alumnos entraba con un bastón. Cuál fue mi sorpresa cuando me doy cuenta que no veía. Era de los mejores promedios y leía con unos puntitos. Yo no lo podía creer, no parecía que no viera, estaba al igual que los otros alumnos haciendo sus experimentos, hasta que mi papá dijo, "observen en el microscopio", y él no lo vio, pero mi papá se acercó a explicarle todo lo que se veía, y anotaba en Braille todo lo necesario para complementar su práctica de biología. Era increíble ver cómo se movía por la inmensa universidad, pronto le aprendí todo lo que pude. Mario Chavero me enseñó Braille y técnicas para andar en la calle y reconocer los caminos. Por varios meses me dediqué a aprender el Braille, la estenografía, el uso del bastón, las técnicas de orientación y de auto-cuidado. Me encanto el Braille, y creo que nos lo deberían enseñar a todos desde pequeños. No debería decir esto, pero me sirvió para librar muchos exámenes.

Conquista 30% más clientes y posee mejores empleados

El sistema lo inventó Louis Braille en 1825, en Francia. Él perdió la vista a los 3 años en un accidente en el taller de talabartería de su padre. Ingresó a estudiar en el Instituto Nacional para Jóvenes Ciegos de París donde se dio cuenta de sus dotes para la ciencia y la música. Diseñó este código táctil realzando los puntos como las notas musicales de un pentagrama.

Creó un signo generador de seis puntos, tres del lado izquierdo y tres al lado derecho. Así se pueden crear 64 signos en total, cada letra es representada por una combinación única de puntos en relieve. Ahí se forman todos los caracteres que tiene el teclado de la computadora.

"El acceso a la comunicación en su sentido más amplio es el acceso al conocimiento. No necesitamos piedad ni que nos recuerden que somos vulnerables. Tenemos que ser tratados como iguales, y la comunicación es el medio por el que podemos conseguirlo".

Louis Braille 1809-1852

El sistema Braille, siempre hay que escribirlo con mayúscula porque es un apellido. Este sistema es muy útil para la señalética. Es muy importante en los baños, aunque dicen los chismes que huele muy distinto el baño de hombres al de mujeres, debemos de auxiliarlos a tener acceso a la información de todo lo que nosotros podemos ver escrito en las calles, en los folletos, en los avisos. Imagínate qué sentirías si desde que sales por la mañana de tu casa hay correspondencia y no sabes si llegó un recibo urgente para pagar, o caminas y no puedas ver los nombres de las calles, las marquesinas de las tiendas que vas pasando, el letrero de no estacionarse, entrar a la tienda de la esquina y no poder ver cuánto cuestan los productos, tocar las latas y no saber de qué son, ir al banco, tocar muchos folletos y no saber qué dicen, o te dan un recibo de pago y no sabes qué dice. Obviamente tantas cosas se podrían hacer más fácilmente con unos cuantos puntitos.

Recuerdo el año 2000. Aunque decían que se acabaría el mundo yo me comí las uvas de nochevieja en Mijas, España, el 31 de diciembre del 99 y nada, no pasó nada. Conocí a un licenciado en turismo sordociego que había tenido intérprete toda su educación y era el más bromista. Se me dificultaba la comunicación porque yo no conocía la lengua de señas de ese país, que es muy diferente a la lengua de señas mexicana. Pero aprendimos los dos las señas de nuestro país natal. Esas semanas aprendí con él lo que no hubiera aprendido ni en una licenciatura. Sería un nuevo siglo de crecimiento personal y profesional como pocos. Ya daba varias conferencias de disCapacidad, coordinaba muchos proyectos de accesibilidad, Proacceso y coordinaba cursos sabatinos de primaria, secundaria y prepa abierta, cómputo, etc., donde se habían incluido a muchas personas con disCapacidad, en la universidad donde trabajaba. Ya era mi etiqueta para mis conocidos, pensar en Juan era disCapacidad. Viajaba y viajaba para conocer los métodos y equipos más modernos referentes al tema, me animaba y me sentía con la responsabilidad de prepararme ya que en México no había encontrado algo que me preparara profesionalmente en el tema.

Así que me fui a Inglaterra, conocí la casa de Charles Darwin, los *bed & breakfast*, las *fish & chips*, la estatua de Peter Pan, de Sherlock Holmes, el reloj, Piccadilly, pero nada tan emocionante como una escuela de sordociegos.

Era una escuela con una arquitectura asombrosa, pero más increíble era ver cómo los maestros les enseñaban a leer y escribir a los alumnos sordociegos. Ya había trabajado años atrás en la Ciudad de México enseñando a los niños sordociegos los alimentos en lengua de señas, fue una gran experiencia, daba a probar al niño agua y le hacía con su manita la seña de agua y poco a poco aprendían las señas de los alimentos. Yo pensé que el Braille iría desapareciendo poco a poco con toda la nueva tecnología que ya había en las computadoras, pero cuál fue mi sorpresa cuando me explicaron que el Braille siempre sería muy útil, hasta para saber si es baño de hombres o de mujeres. Entre más crece la tecnología el Braille, parece que lo utilizan menos los jóvenes, pero ahí me hicieron la analogía de cómo por un tiempo se dejó de enseñar y utilizar la letra manuscrita ó letra palmer y ahora se está retomando de nuevo. Así pasa con el Braille, por ello debemos difundirlo y valorarlo como parte de la cultura de disCapacidad. Ojalá que te animes a aprender el Braille. Verás que fácil y rápido es.

Pronto fui a Japón y me sorprendió ver el Braille en el metro y hasta en las latas de refresco. Quería conocer cómo lo utilizaban allá para los ideogramas. Cuál fue mi sorpresa al ver que tenían también un sistema de 8 puntos. No dudé en conocer el "tenji" de ese maravilloso país. Ahora pasados los años, me doy cuenta de todos los avances que hay en el tema, pero muchas veces quedan lejos de las personas con disCapacidad visual por los altos costos. Nos queda de tarea buscar los medios para acercar a las personas con disCapacidad visual la tiflotecnología.

Utiliza la tiflotecnología

Una vez necesitaba yo unas impresiones en Braille y buscando un lugar encontré en la avenida Lázaro Cárdenas de la

Ciudad de México a Nacho y Came, cómo me sorprendieron con tantas cosas que había de tecnología, llegué cuando estaban dando una clase de computación para personas con disCapacidad visual, no podía creer lo rápido que usaban la computadora. Unos alumnos llevaban perros guía, yo quise acariciarlos y Came me explicó que no debía distraerlos, en el capítulo de protocolo te escribo todo lo que me dijo. Fue la primera vez que escuche la palabra tan extraña, tiflotecnología, que ha cambiado la vida de las personas con disCapacidad visual haciéndolas más independientes, viene del griego tiflos, que significa ciego. Es el conjunto de técnicas, conocimientos y recursos encaminados a procurar, diseñar y adaptar las cosas por medio de la tecnología para las personas con disCapacidad visual.

Ahora existen ya muchos productos tiflotecnológicos que ayudan a las personas en situación de disCapacidad visual para su independencia como: teléfonos, impresoras en Braille, reconocedores de textos impresos donde puedes abrir un libro, ponerlo en el escáner y leer lo que está en este, como si fuera tu lector personal. Hay lectores de pantalla que ayudan a leer en voz alta todo lo que se muestre. Hay también magnificadores de pantalla que son programas que amplían los caracteres y configuran los colores dependiendo de las necesidades de la persona, así, si ves que una persona no alcanza a ver bien su computadora con estos programas le ayudará a verlos mucho mejor. Imagina adultos mayores que no ven bien los textos en la pantalla esto les cambiará la vida. Con este gran invento pueden todos acceder a cualquier documento. Pueden escuchar los mensajes del Facebook, escuchar las bases de datos, documentos en Word, textos de Power Point, en fin de todo, así que no dudes al contratar a una persona en situación de disCapacidad porque no podrá usar la computadora, al contrario es uno de los recursos que más usan.

Hay dispositivos y software para el acceso a la telefonía móvil, smartphones y tablets, también ya hay muchas Apps para lupas, impresoras en Braille, navegadores de internet parlantes, por lo que ya no tenemos pretexto para incluir a una persona con disCapacidad visual al ámbito laboral y educativo. Con estas herramientas pueden escuchar los textos a alta velocidad, por lo que entienden más rápidamente que el que lee un libro en tinta.

En tu escuela, empresa o institución incorpora esta tecnología. Imagina en tu restaurante que las personas puedan acceder a tu menú desde su celular y en varios idiomas, que puedas caminar en las calles y que te informen de los museos y restaurantes que tienen cerca. Esto parecería increíble, pero ya es una realidad. Hace unos meses visité a mi amigo Guillermo Hurtado del Instituto Municipal de Personas con Discapacidad de Barcelona y conocí todos estos avances tiflotecnológicos que utilizan en las calles. Una persona desde su teléfono móvil puede saber si viene su autobús y las paradas que hará, puede hacer sonoro el semáforo. Así que ahora solo es cuestión que te decidas a ser incluyente.

Revisa la forma de comunicación

La accesibilidad en la comunicación ya es una condición necesaria para la participación de las personas con disCapacidad en todos los ámbitos. Estamos inmersos en una sociedad que cada vez avanza más en las tecnologías de la información y de las comunicaciones. Ahora la persona con disCapacidad necesita también relacionarse, informarse, trabajar, prepararse y entretenerse. Cada día nos damos cuenta que los servicios que se prestan se dan más por el uso de internet, por lo que asegurar la accesibilidad a los nuevos medios tecnológicos es una prioridad.

Haz tu página web accesible para brindar las facilidades de acceso a cualquier tipo de usuario. Piensa en las personas con disCapacidad visual, que no ven tus imágenes y que les será difícil llenar formularios si no es accesible tu página. Innumerables veces me han llamado amigos con disCapacidad visual que están sufriendo para comprar un boleto de avión, y después de horas estar buscando el vuelo, las mejores conexiones, el mejor horario, los mejores precios, cuando ya tienen uno para pagarlo sale una captcha (siglas de Completely Automated Public Turing test to tell Computers and Humans Apart) y dice la notita "Selecciona todos los cuadros que contengan semáforos", todo su trabajo de buscar el vuelo para que al final no pueda comprarlo porque no ve ningún semáforo.

La accesibilidad web tiene como objetivo lograr que la página electrónica del Recinto sea utilizable por el máximo número de personas, independientemente de sus conocimientos o capacidades personales, e independientemente de las características técnicas del equipo utilizado para acceder a la web.

Existen ya estándares de accesibilidad web, debemos de fijarnos en describir imágenes para personas con disCapacidad visual, incluir subtítulos e intérpretes de lengua de señas en los videos para personas con disCapacidad auditiva. Organizar los títulos, encabezados y listas para crear una organización lógica, y utilizar una lectura fácil para personas con disCapacidad intelectual, hacer uso de colores que sean contrastantes con el fondo para fácil lectura, etc. Hay muchas herramientas para auxiliarte a comprobar la accesibilidad web que sólo tienes que buscarlas en internet. Como siempre, en la inclusión es pensar en todos.

Revisa también en tu página web, en tus folletos, guías, en la descripción de tus productos o servicios que sean de lectura fácil. Es una adaptación que permitirá una lectura y una comprensión más sencilla de un contenido: en especial para aquellas que tienen dificultades lectorastransitorias como la inmigración, incorporación tardía a la lectura, escolarización deficiente, extranjeros o permanentes (como los trastornos del aprendizaje, disCapacidad o senilidad).

Contrata a personas en situación de disCapacidad

Al contratar a personas con disCapacidad matas varios pájaros de un tiro, como decía mi tía de Puebla.

Todos los empleados de la institución o empresa aprenderán a ser más inclusivos y aceptar la diversidad, perderán el miedo y sabrán lo que necesitan los clientes en situación de disCapacidad. Sin perder de vista que en cualquier momento alguien en la empresa o institución puede adquirir una disCapacidad temporal o permanente, o algún miembro de su familia o amigos cercanos y cada uno estará preparado ante esta situación y tendrá una visión de inclusión.

Muchos consumidores ahora más conscientes con la ecología, el medio ambiente y la responsabilidad social, prefieren comprar a empresas que contratan personas en situación de disCapacidad o adultos mayores. Sé tú una de esas empresas y de esos consumidores, brinda prioridad a la inclusión.

Ventajas económicas, existen estímulos fiscales en cada país, pero lo más importante en la economía es que el 15% de la población que tiene disCapacidad ahora tendría trabajo y, de ser una carga económica para una sociedad o una familia, ahora son personas que aportan impuestos, ganan un sueldo y gastan, ahora se convierten en clientes.

Por lo tanto, si contratas a personas en situación de disCapacidad darás un giro positivo a tu empresa obteniendo una mejor imagen corporativa.

Al contratar personas en situación de disCapacidad, poco a poco se adaptará el entorno físico de tu empresa. Verás que no son adaptaciones costosas, a veces es solo mover una maceta, bajar un espejo, detalles que explicaremos en el capítulo de atenciones y deferencia. Poco a poco te irás dando cuenta de los requerimientos de accesibilidad para cada disCapacidad y gradualmente tendrás un espacio cada vez más incluyente. Recuerda que, teniendo espacios accesibles, también estos serán más seguros para todo el personal y se hará un espacio que comunique inclusión.

Si eliges bien el puesto laboral de la persona con situación de disCapacidad, se distinguirá en su trabajo y será ejemplo de motivación para los demás, lo que ayudará a un mejor clima laboral.

Una vez me hablaron de una empresa para analizar la inclusión de personas con disCapacidad auditiva. Me comentaban que tenían problemas de comunicación, que no les entendían, que no ponían atención en los cursos y tampoco pasaban los exámenes que tenían que acreditar para sus puestos. Yo les pregunté que, si ellos trabajaban bien y me comentaron que muy bien, que se habían destacado por la atención que ponían en su trabajo. Enlistamos todas esas necesidades y les comenté que no era cuestión de sordos que era cuestión de extranjeros, ¿qué hubiera pasado si hubieran contratado a unos rusos?, ¿qué tenían que hacer?, serían las mismas acciones que habría que hacer: incorporar en ruso los cursos, aprender un poco de ruso para comunicarse con ellos y a ellos enseñarles español, incorporar señalética visual, etc. Trabajamos todo esto pero con lengua de señas mexicana y fue un éxito, en unos meses ya tenían el doble de empleados sordos. Poco a poco, desde el personal de seguridad, como los jefes fueron aprendiendo a comunicarse con ellos, así mejoró el compañerismo y la fidelización de los empleados, mostrando su mayor puntualidad, constancia y responsabilidad con la empresa. A los pocos meses obtuvieron un premio por su buena práctica de responsabilidad social.

Las personas con disCapacidad auditiva son muy visuales por lo que se disminuye considerablemente errores, son muy atentos ya que las personas sordas viven en primera dimensión a diferencia que los que oyen que viven en una tercera dimensión, ¿por qué es esto? Una persona que no escucha lo que tiene en primer plano en su vista es lo que hay, por lo que son más observadores en los detalles y en todo lo que está pasando en ese primer plano que ve, a diferencia de la persona que escucha y se distrae con el ruido del teléfono, escucha voces atrás o coches afuera que nos hacen distraer nuestra atención, por lo que no estamos atentos a lo que vemos sino a toda la parafernalia que está ocurriendo alrededor. Recuerda que una persona en situación de disCapacidad puede ser una gran fortaleza para muchas posiciones laborales.

Los clientes se sienten más cómodos, cuando una persona con disCapacidad hace tareas que son acordes a su puesto, es un plus tener personas con disCapacidad. Hemos visto muchos masajistas con disCapacidad visual, al no poder ver desarrollan una habilidad táctil y con sus manos pueden precisar donde tenemos ese problemilla de espalda o tratarnos esa lesión deportiva. Te imaginas en telemarketing, que cuando nos llaman al teléfono nos damos cuenta del ruido y las distracciones que tienen en su centro de trabajo, una persona con disCapacidad visual estaría atenta a la llamada entendiendo y solucionando nuestro problema. Sabemos de la memoria que tienen, se aprenden rápidamente las extensiones a donde deben de comunicarte y los datos que deben decirte. Hay muchos puestos idóneos para personas con disCapacidad que te pueden ayudar a no tener rotación de personal y a brindar una buena imagen a tu empresa o institución.

Una vez fui a comer a un restaurante de comida japonesa, ¡cuál fue mi sorpresa cuando nos recibió un joven con Síndrome de Down! Impecable en su vestir y creo que la persona más amable que me ha atendido en un restaurante. Al entrar me preguntó "¿mesa para dos?", le dije que sí, nos acompañó a la mesa y nos dijo, "bienvenidos a nuestro restaurante, quiero explicarles como es aquí nuestro método. A lado de la mesa, como pueden ver pasan los platos con diferentes alimentos, ustedes toman el que más se les antoje, los platos tienen el color del precio del platillo, me gustaría saber si hasta aquí me he sabido explicar". Cada vez que pasaba con personas para acompañarlas a su mesa nos preguntaba si todo estaba bien, si todo estaba siendo de nuestro agrado, que si no por favor no dudáramos en llamarle, sobra decir de la amable despedida cuando salimos. En el poco tiempo que estuvimos ahí, nos dimos cuenta que era el alma del restaurante, su alta motivación al trabajar y su avidez de superación personal la transmitían a todos los demás empleados, no sé si era el dueño, el hijo del dueño, pero lo que sí sabía es que era la decisión más atinada tenerlo en ese cargo. Lógicamente recomendamos este restaurante porque nos hicieron sentir como unos clientes muy especiales.

Al contratar a personas con disCapacidad tu empresa grita lo incluyente que es, no dejes de tener la oportunidad de hacerte lo más rápido una empresa para todos. Recuerda que una empresa es tan grande y generosa como el corazón de las personas que trabajan ahí.

Haz campañas de concientización y educación

Para iniciar podrías hacer un diagnóstico para ver qué piensan en tu institución o empresa sobre las personas con disCapacidad. Y a partir de ahí, poder hacer una muy buena campaña dirigida a esas lagunas de ignorancia interna en el tema. Es normal el desconocimiento del tema, ya que no era una cultura que se pasaba de generación en generación. ¿Quién te enseñó a poner una ofrenda para día de muertos?, ¿quién te enseñó de límites y de normas?, ¿a festejar las navidades y las noches viejas?, la familia, porque la cultura se transmite de generación en generación. En el caso de la disCapacidad nuestra familia no nos enseñó la lengua de señas, o la diferencia de la disCapacidad mental e intelectual, nadie nos dijo que la lengua de señas no es universal. Por eso debemos hacer campañas para educar a las personas en el tema y esperemos que en algunos años se haga tan cultural que fuera risorio tener que hacer campañas para la educar a la población en algo tan básico como saber qué es la mielomeningocele. Pero ahora no hay esta cultura, así que, a difundirla, planteando objetivos a corto, mediano y largo plazo para crear una cultura incluyente dentro de la organización.

Define varios medios y estrategias para que la campaña logre un mayor impacto en la organización realizando conferencias, jornadas, retiros, talleres, gráficos, audiovisuales, obras de teatro, repentinas, *flashmobs*, concursos, juegos, apps, etc.

Cuida que en todas estas acciones todo siga la misma línea. Imagina que tengas un taller de lengua de señas y luego un ponente para una conferencia te diga que no uses lengua de señas porque si no, la persona sorda ya no se esforzará en hablar. Quienes presentan a las personas en situación de disCapacidad como ángeles que han venido del cielo y han venido a darnos luz, lo que harán, es que no los vean como iguales. Que todas las acciones cuiden el lenguaje inclusivo, que antes de sacar la campaña revisen muy bien que cumpla el objetivo y buscar expertos en el tema.

Tenemos muchas formas de hacer las campañas y tenemos muchos temas en que concientizar y educar. Elige el más urgente y necesario para la empresa. Afortunadamente tenemos mucha tela de donde cortar para ello. Tenemos muchas celebraciones que puedes aprovechar para hacer algo ese día, por ejemplo:

- El 4 de enero, día mundial del Braille, pídeles que ese día desde la entrada lleguen con los ojos vendados a su lugar de trabajo, organiza un almuerzo, comida o cena a ciegas, envía a todos una carta en Braille contándoles la historia del personaje en alto relieve de Louis Braille.

- 9 de febrero, día internacional de la epilepsia, organiza un taller donde se pueda explicar ¿qué hacer cuando a una persona se convulsiona?

- 18 de febrero, día internacional del Asperger, manda un escrito que diga cuáles son las diferencias entre Asperger y Autismo.

- 1.º de marzo, día mundial contra la discriminación. Haz un cartel grande donde todos escriban ¿cuándo han sido discriminados? y ¿qué acción tangible harían para no discriminar? den un premio a las 3 mejores acciones.

- 21 de marzo, día internacional del Síndrome de Down, invita a la asociación más cercana para que ese día puedan hacer un recorrido por la institución y celebrarles su día con un concurso de baile, verás que te sorprenderás.

- 2 de abril, día mundial de la concientización del autismo, organiza una conferencia para dar a conocer el tema y verás cuántas personas de tu organización tienen a alguien cerca con autismo.

- 28 de septiembre, día mundial del sordo, pega carteles con lengua de señas, invita personas sordas para que pasen a los lugares de trabajo preguntándoles sus nombres en señas.

- 15 de octubre, día mundial del bastón blanco, organiza un taller de Braille e invita a que el personal tenga sus tarjetas de presentación en Braille. Invita a una persona usuaria de perro guía para que los oriente en las necesidades de ser *pet friendly* y cuente las ventajas y desventajas en el país de tener un perro guía.

- 3 de diciembre día internacional de la disCapacidad, invítame a festejar mi cumpleaños con ustedes ji,ji.

Estas son algunas pequeñas ideas para poder sensibilizar y educar en el tema de disCapacidad. Además de hacer una empresa incluyente, estás transformado a la sociedad y educando a las personas para que pongan su granito de arena en la inclusión.

CAPÍTULO III:

ATENCIONES Y DEFERENCIA

Mis tías de Puebla me enseñaron a vivir esta palabra, yo pensaba que era una palabra antigua, mi tía la decía a sus 103 años, pero creo que tenemos que hacerla actual y tener esa "deferencia". Esa amabilidad con el otro por respeto y cortesía, "tuvo la deferencia de abrirle la puerta", decía mi tía Adela.

Cómo cambiarían nuestros entornos si cada vez que construimos algo, acomodamos un mueble, ponemos un espejo, pensáramos en tener esa atención y esa deferencia para que alguien pueda llegar fácilmente, pueda pasar con facilidad o alcance a verse en ese espejo.

¿Quién hizo esos escalones?, ¿nunca se preocupó por una persona en silla de ruedas?, ¿quién puso ese poste a medio camino?, ahora ya no puede pasar alguien en silla de ruedas, ni carriola o patineta. Tienes que tener todas esas atenciones en el área en que trabajes, que sea un lugar con un diseño universal. Recuerda que decíamos que el 15% de las personas tiene disCapacidad, pero están los adultos mayores que también les va ayudar que no haya escalones y que todo sea accesible, y también están los niños que tanto los cuidamos de las escaleras, entonces ya no es el 15% de la población, piensa también en las personas con sobrepeso, entonces, ya en ¿qué porcentaje vamos?, urge que todo sea incluyente.

Sobre los pisos empedrados, piensa que antes casi el 50% de la población usaba tacones y caminar en los empedrados es horrible y, luego piensa en el otro 15% de la población que tiene disCapacidad, entonces ¿por qué seguimos construyendo así? Debemos de pensar en las personas que tienen dificultad para resolver problemas de concentración y orientación, a las que se les dificulta desplazarse, maniobrar o de alcance, las que tienen baja visión o no ven, los que utilizan sillas de ruedas, bastones muletas, mujeres embarazadas, personas con diferente complexión, etc. Parecería muy complicado pensar en todas esas diferencias pero es cuestión de antes de diseñar o abrir un espacio público tener empatía y revisar cada servicio que tendremos con la visión de la diversidad.

Decía Bjarke Ingels, "La humanidad evoluciona a través de la adaptación a los cambios en su entorno natural". Cuando llegas a algún lugar, de inmediato te das cuenta si es un lugar evolucionado o está lleno de barreras, no sólo debemos de hacer espacios inclusivos para las personas con disCapacidad, movilidad reducida, niños, adultos mayores, sino que debe ser un perfecto modelo de educación para el resto de la población, donde se debe de valorar las diferencias y a la par enriquecerse con ellas. En la sociedad convivimos todos, y debemos de evolucionar el diseño de nuestros cines, calles, restaurantes, escuelas, centros de trabajo; pensar en personas de otras nacionalidades, estaturas, mentalidades, edades, creencias, disCapacidades, lenguas, costumbres, en definitiva de culturas diversas y estoy seguro que si abarcamos la cultura de la disCapacidad englobamos muchas de las demás.

Si siempre valoras que es primero el sujeto antes que el objeto, eso ayudará muchísimo a la cultura de la inclusión. Muchas veces he escuchado, que a un edificio histórico, patrimonio de la humanidad, no le pueden hacer modificaciones, como si las personas en situación de disCapacidad no fueran parte de la humanidad. Debería de ser al revés, como es patrimonio de la humanidad se deben de hacer todos los esfuerzos para que todos tengamos acceso a ese lugar, ¿no crees?, se debería obligar a que todos los espacios de patrimonio sean accesibles para que todos podamos disfrutarlos.

Debemos evitar preconcepciones. Como hemos visto, una rampa así, una guía táctil, un barandal no quiere decir que les sea útil a las personas nomás porque sí, debemos preguntar a las personas en situación de disCapacidad si les es útil y luego hacer las adecuaciones.

Piensa en todas las personas

Otro de los grandes errores en la accesibilidad es que no pensamos en los recorridos, vemos cómo se ponen rampas en una acera pero en la de enfrente no. Lo ideal para hacer un lugar incluyente es pensar desde cómo van a llegar las personas a mi lugar, transporte, calles, página web accesible para que vengan ya con la información de mis servicios y hasta entradas compradas, el estacionamiento, el acceso, la señalética, los baños, recordemos que la accesibilidad es que la persona pueda ingresar, transitar y permanecer de forma segura, confortable y autónoma en nuestro espacio. Cuántas veces vemos que no pueden ingresar y hay que cargarlos, las alturas de operación son altas, no pueden ni pagar el estacionamiento, están incómodos en nuestras instalaciones y necesitan que todos lo ayuden, y en todo momento están en peligro de caer, resbalar o ni siquiera pueden quedarse mucho tiempo porque no hay un baño adecuado.

Cuando hablamos de accesibilidad tenemos que tener en cuenta que no hay detalle pequeño, a veces por un detalle tan sencillo nos obstaculiza toda la accesibilidad.

Recuerdo una vez me habló un amigo que pondría un restaurante y me dijo que si le asesoraba para dejar su restaurante muy incluyente. Me dio gusto que alguien tuviera esa iniciativa así que fui para hacer su evaluación de accesibilidad, le hacían falta muchas cosas: sus cartas en Braille para personas con disCapacidad visual, con fotos para personas con disCapacidad auditiva, claro, en ese tiempo no existía la tecnología para hacer mejor los menús digitales, ahora ya hasta te describen la forma de preparación e ingredientes para los que tienen alergias, o los menús en voz. Le faltaba un ingreso accesible y un espacio de estacionamiento adecuado, el baño ni se diga; bajar la barra del buffet, unas tazas menos pesadas para personas con movilidad reducida, pero hizo poco a poco todos los cambios necesarios. Cuando volví a visitarlo, me impresionaron todos los cambios que había logrado, pero me dijo que ninguna persona en situación de disCapacidad lo había visitado. Claro, pensé, le faltaba promoción, en esa época no conocía las redes sociales, así que envié un correo electrónico a mis amigos con disCapacidad para que visitaran el restaurante.

Cuál fue mi sorpresa que me regresan rápidamente el correo diciéndome que nunca irían a ese restaurante, que habían pasado por ahí y el espacio reservado de estacionamiento decía, "Lugar reservado para minusválidos". Si de entrada ya me ven como una persona que vale menos, ahí no voy a comer, decía mi amigo. Inmediatamente le hablé a mi amigo del restaurante y le pregunté que si era verdad ese letrero y me dijo que sí, como le había dicho yo que debería de poner el letrero, lo señalizó. Un detalle tan pequeño como una palabra, espantó a los clientes con disCapacidad, me sentí tan culpable de no decirle bien antes las palabras que se deben utilizar y me di cuenta cómo es tan importante que todos nos preparemos en el tema, ¿por cuántas personas habrá pasado ese letrero?, el diseñador gráfico, el impresor, la persona que lo puso y nadie sabía que ese término es despectivo y ofensivo.

El hacer un lugar incluyente lógicamente es más costoso, por eso desde el diseño inicial debemos proyectarlo así, para después no tener más gastos. Me ha tocado varias veces que se presenta un proyecto arquitectónico y les comento que falta la accesibilidad en baños, ingresos y pasillos, y me dicen que esos cambios harán más costoso el proyecto, claro que el que lo va a pagar quiere ahorrar y la mayoría de las veces dejan la accesibilidad para después, pero ¿no debería hacer el proyecto contemplando la accesibilidad desde el principio? Nunca he visto que presenten un proyecto arquitectónico y les pidan a los arquitectos que por favor le pongan puertas y ventanas a la construcción y que contesten los proyectistas que si quieren que se les pongan ventana, puerta, tuberías o instalaciones de luz tendrá otro costo, es lógico que debería de llevarlo. No sé todavía por que no es así, pero lógicamente el hacer un espacio incluyente es un plus y hará más caro construirlo, pero será también más caro al venderlo.

Si queremos un país accesible debemos tener construcciones accesibles. ¿Cuántas construcciones accesibles hay en tu ciudad?, pues deberías empezar por tu casa, siempre le echamos la culpa al gobierno de que no está invirtiendo lo que se debería en la accesibilidad de las calles y sus edificios pero, ¿nosotros estamos cambiando nuestras casas? En algunos años, cuando seamos mayores necesitaremos esas adecuaciones, muchos ya lo vivimos con nuestros padres o abuelos, baja tanto la autoestima cuando ya tenemos que bajar la habitación del abuelo porque ya no puede subir las escaleras, cuando el baño se convierte en el lugar más peligroso de la casa, y cuando para salir o entrar de la casa necesitamos que alguien nos ayude. ¿Por qué no desde ahora no destinamos un dinerito para poco a poco ir haciendo estos cambios? Y así, cuando vendemos o rentamos nuestra casa poder poner "hermosa casa accesible en lugar céntrico de la ciudad", si nosotros hiciéramos accesibles nuestras casas nuestra ciudad sería más incluyente.

Tenemos que hacer las adecuaciones para que realmente tenga un diseño universal, vas a un hotel y desde la recepción ya no puedes hacer un registro digno, ni se diga del restaurante o las habitaciones donde a veces se hacen rampas que parecen trampas. Veamos los elementos que debemos revisar para ser lo más incluyentes que podamos:

Revisa tu estacionamiento

¿Para quién son los lugares de estacionamiento reservados en los centros comerciales?

a) Personas mayores.

b) Personas con disCapacidad.

c) Mujeres embarazadas.

d) Personas con capacidades diferentes

Ninguna de estas respuestas es correcta, los lugares reservados son para personas con movilidad reducida o personas que vienen manejando y son usuarios de silla de ruedas o traen a un familiar con movilidad reducida, porque ahora ya se amplía tanto que la persona que cumple 60 años ya quiere dejar su automóvil en ese espacio, que por que tiene disCapacidad, ni personas con disCapacidad auditiva ni visual requieren ese espacio, por más pretextos que pongan que no oyen o no ven los automóviles. Estas personas le quitan el espacio a alguien que no tiene otra opción de estacionamiento porque si lo estaciona en otro lugar no puede salir de su auto. A las mujeres embarazadas el doctor les dice que caminen, claro ya cuando tiene movilidad reducida sí es para ellas, porque es para el que tiene movilidad reducida.

Revisa que los lugares reservados para personas con disCapacidad física tengan estas características:

- Debe contar con el número adecuado de lugares reservados según el número de personas con disCapacidad que asistan al lugar, cada país tiene su normativa. Mínimo un lugar por cada 25 cajones o un 4% del total de espacios existentes. Debemos de respetar las normativas, pero tener cuidado si construimos un teatro para jubilados, no dejemos el 4%, así lo diga la normativa, recuerda que lo primero es la persona, porque muchas veces pensamos más en las normativas que en la lógica y en las personas.

- Debe de haber lugares reservados en las diferentes puertas de acceso en el edificio, cuántas veces vemos que sólo tienen espacios reservados en la puerta principal y la persona con movilidad reducida tiene que hacer con dificultad todo un recorrido y deben estar ubicados lo más cercanos a las puertas de ingreso, recordemos, empatía, tienen movilidad reducida.

- Debe contar con pavimento firme, homogéneo, antiderrapante, en buen estado y no tener ningún desnivel, he visto muchos que tienen una gran pendiente, al momento de bajar la silla de ruedas se desliza hacia la calle.

- Del espacio reservado, el recorrido y hasta el ingreso debe estar iluminado en todo momento, para poder bajar con facilidad la silla de ruedas, poder ver si estamos armando bien la silla y ver que no hayan caído cosas al piso, además de techado y libre de obstáculos. Techar el recorrido es una buena práctica, ya que en tiempo de lluvias la persona no puede bajarse de su automóvil y menos hacer el recorrido al ingreso. Piensa que no puede tomar el paraguas y girar las ruedas de su silla, así que se empapará, ten esa atención y deferencia con la persona. Si por algo no puedes techar el recorrido, asigna a una persona que pueda acompañarlos con un paraguas grande estilo sombrilla para playa.

- Debe tener las medidas mínimas de 5 m de fondo por 3.80 m de frente, revisa la normativa de tu país.

- Debe contar con el símbolo internacional pintado en el pavimento de 160 x 160 cm, al centro del cajón. Para que sea muy visible que es un lugar reservado, aunque sea de noche o esté lloviendo y sea fácil de ver.

- Debe contar con un letrero vertical con dimensiones mínimas de 40 cm x 60 cm, colocado a 2.10 m de altura. Con el símbolo internacional de disCapacidad con fondo azul pantone núm. 294 y el logo blanco.

- Incorporar un número para reportar cualquier anomalía o necesidad. Muchas veces hay coches ahí que no deberían de estar, nunca falta que los cierren con una cadena o pongan unos conos naranjas y no hay nadie para quitarlos, por si la persona usuaria del espacio tiene algún problema para bajar o subir.

- Se considera una sanción y/o multa en el reglamento de movilidad interno para quien utilice el lugar o lo obstruya.

- Diseñar un tarjetón temporal para uso de los espacios.

Pareciera que son muchos detalles y sientes que no los podrás cumplir, pero no es así, con la ayuda de profesionales y mucha atención, verás que poco a poco puedes ir haciendo las adecuaciones al estacionamiento y solicita y exige en los estacionamientos que visites, que hagan estos cambios. Recuerda revisar las normativas del lugar donde vives, pero no olvides tener el criterio para cualquier cambio si te das cuenta que no es funcional.

Cuida el acceso

Como ya imaginarás la entrada es uno de los lugares más importantes, peleando el primer lugar con el baño. En los accesos cuida que sea un recorrido fácil desde el estacionamiento hasta la entrada, las dos barreras principales del acceso son los escalones para entrar o las puertas de acceso.

Rampas

Primero debes de diferenciar si es rampa o si solo es un escalón rebajado, trata de que siempre que sean seguras y utilizables.

Conquista 30% más clientes y posee mejores empleados

Las rampas deben de tener un ancho de 1.20 m para pasar de forma segura, las pendientes pueden variar según los manuales y según la longitud de la rampa, pero la pendiente ideal es de 6%. Eso hará que la persona sea independiente. En una rampa de 8%, la persona con movilidad reducida o adulto mayor puede requerir ayuda. Recuerda que en algunos años la necesitaras tú, déjala con la pendiente más baja si hay espacio, ¿por qué no la dejas a 3%?, eso hará que sea desapercibida y nadie sentirá el desnivel. No olvides colocarle un sardinel o zócalo de protección a los lados de la rampa, para que la silla no se salga de la misma.

La accesibilidad desapercibida es incorporar las medidas de las personas con disCapacidad en un diseño estandarizado para que esté pero no se note. Este concepto lo introdujo mi maestro favorito en accesibilidad, Enrique Rovira-Beleta de Barcelona, arquitecto en silla de ruedas que ha dedicado su profesión a realizar un entorno accesible para todas las personas. Actualmente es el más destacado en el tema. Cuando tuve la oportunidad de estudiar el posgrado en Accesibilidad y Diseño, me enseñó esa visión de pensar en todos y hacer los diseños desapercibidos, desde ese momento me doy cuenta lo horrible que es que se vean tantos logos de disCapacidad en las banquetas, en los baños, en el metro, en las cajas de los bancos, etc.

Si pintas las rampas se vuelven resbaladizas, gastas más dinero, se ven feas, y se vuelven discriminatorias. Imagínate que en la entrada de un edificio ves dos puertas una que dice: puerta para delgados y puerta para obesos, ¿por cuál entrarías?, yo voltearía discretamente hacia abajo a ver si está muy notoria mi panza, la sumiría un poco, aguantaría un poco el aire y me pasaba por la de delgados discretamente, viendo alrededor de que nadie se haya dado cuenta que pasé yo, qué incomodo sería

¿no? Imagina que en las esquinas de las calles pintaran también: paso para extranjeros, paso para personas con obesidad, paso para personas analfabetas ¿cómo se sentirían las personas que pasaran por ahí? El cruce es de todos, dejemos de etiquetar y poner logos. Hagamos espacios con accesibilidad desapercibida y que nadie se sienta etiquetado. Pero sí recuerda pintar el cajón de estacionamiento reservado para personas con disCapacidad, porque ese sí es únicamente para la persona que lo necesita, no lo debemos de usar si no tenemos disCapacidad, a diferencia de las rampas que todos podemos y queremos pasar por ahí, cuando una rampa está bien hecha todo mundo subirá por la rampa.

Algo muy importante que tenemos que cambiar en la estructura mental, es que la sociedad no está hecha de dos mundos, de personas con y sin disCapacidad, somos una sociedad diversa. Ahora me he dado cuenta que en los ayuntamientos o en las nuevas construcciones algunos, (no todos, otros ni toman en cuenta la accesibilidad) hacen los diseños con rampas y se enorgullecen por ello, de poner rampas por todos lados, recordemos que las rampas se hacen para liberar un obstáculo que ya estaba, pero si estamos construyendo todo nuevo, ¿por qué deben de hacer rampas?, se debería hacer un diseño para todos, accesibilidad desapercibida. Cuando entendamos esto nos daremos cuenta por qué no hay que pintar las rampas, ni pintar paso para obesos, paso para ancianos, paso para discapacidad, no terminaríamos de señalizar para todos. Debemos construir para una sociedad donde todos están tomados en cuenta y ver la inclusión en las calles, eso nos ayudará a entender que así debemos ver la vida.

Ingreso

El ingreso hay que hacerlo a nivel de piso en planta baja, muchas veces por incorporar el estacionamiento debajo del edificio, queda el acceso muy alto. Como ya comentábamos, que no tenga escalones para entrar, como una vez le escuché decir a Federico Fleischmann, "la disCapacidad me la dio Dios, pero la minusvalía me la dio el arquitecto". Cuando construyamos pensemos que ese acceso debe ser para todos, para el 15% de personas con disCapacidad y para el 11% de adultos mayores, para las personas con movilidad reducida y para los niños, ¿qué porcentaje de la población no necesita espacios incluyentes? No entiendo por qué seguimos viendo nuevas construcciones con escalones para entrar.

Debemos cuidar mucho la iluminación en el acceso, que es lugar donde más personas sufren de caídas.

Incorpora plano tacto visual o háptico, de 1m por 1m, para facilitar la mejor orientación mediante información de la disposición espacial, conocer las zonas de interés, itinerarios y baños accesibles que pueden estar en el interior o exterior, y pueden ser fijos o de mano, pero siempre un plano del lugar. A las personas con disCapacidad auditiva le orientará mejor y no tendrán que preguntar y claro este plano nos ayuda a todos.

Si nuestro acceso es de uso público, asignemos a un empleado con información para auxiliar a personas con movilidad reducida, personas en situación de disCapacidad, adultos mayores, carriolas o carricoches, si es necesario y lo solicita la persona. Qué mejor atención o deferencia puedes hacer con alguien que ayudar a sostener sus cosas para que pueda rodar en su silla de ruedas, o ayudarlo con un paraguas para que no se moje. Si tiene disCapacidad visual ofrecer tu hombro para acompañarlo a la entrada y no esté buscando la entrada, si es la primera vez que visita el espacio, ayudar a una persona a empujar la silla de ruedas de su familiar o a bajar del coche, estos detalles que consienten a las personas y dan un servicio más cálido y humano.

Si nuestro acceso es privado, instalemos un video interfono pensando en las personas con disCapacidad auditiva, a una altura máxima de 1.40 m Pensemos en que podemos tener visitas con diferentes disCapacidades, revisemos que desde donde dejan su automóvil hasta la sala de tu casa, puedan entrar, ¿qué pasará cuando tengas un amigo, un familiar o un jefe con disCapacidad? ¿no lo invitarás a tu reunión de cumpleaños o a esa Navidad en familia?, haz que tu casa sea la casa ideal donde todos puedan entrar. Como dice Enrique Rovira-Beleta, "hagamos viviendas para toda la vida tengas la edad que tengas y tengas las capacidades que tengas".

Puertas

Las puertas son todo un tema, sabemos que las puertas son para cuidar las pertenencias que hay dentro, pero son una barrera para los niños, los adultos mayores, las personas con obesidad y las personas con disCapacidad si no están bien diseñadas.

La puerta principal busca que tenga un ancho mínimo de 1.20 m, para que puedas entrar cómodamente con tu perro guía, con las bolsas de supermercado, con el niño agarrado de la mano y qué mejor con la mano de la abuela sostenida de nuestro brazo. Las puertas secundarias con un mínimo de 1 m libres dentro del marco. Aunque lo más importante son las personas, piensa también que debe de caber el nuevo refrigerador, lavadora, escritorio, etc. A cuántos no nos ha pasado que el mueble no cabe por la puerta, es de admirar el trabajo que hacen las personas que trabajan en las mudanzas, ellos también agradecen todas estas medidas.

Cuida que tu puerta de entrada en casa tenga dos mirillas, una a 90 cm y otra a 1.50 m, para que puedan ver los niños, las personas de baja estatura y las personas en silla de ruedas.

Algo que debemos tomar en cuenta y que a veces nos acostumbramos, es que las puertas requieran de fuerza y maña para su apertura y su mecanismo de apertura es complicado. Los pestillos de seguridad deben ser de fácil accionamiento y manipulación. La manija de apertura debe ser de tipo palanca, no de tipo de bola, porque si tienes la mano mojada, enjabonada, con crema de manos, si traes las bolsas del supermercado, no las puedes abrir. La forma más fácil de abrirla es con una manija de palanca, eso convertirá a la puerta de fácil apertura. Elimina los muelles cierrapuertas dificultan la entrada a personas con movilidad reducida y a los niños.

Cuando es un lugar público cuida que tu puerta de entrada no sea de puertas giratorias, confunden, son peligrosas y caras. Mejor una puerta automática, si es de vidrio que tenga vidrio de seguridad templado y con señales visuales a una altura de 90 cm y otra a 1.50 m, nunca faltan los despistados, personas de baja visión, personas adictas al celular que caminan viendo la pantalla y no al frente, niños etc., que, si no las tienes bien señalizadas, se estrellan en las puertas, incorpora la imagen del logo de tu empresa o simplemente unas franjas que hagan ver la puerta que es de vidrio.

Busca que las puertas siempre sean de color contrastante con la pared para que sean fácilmente detectadas por esa persona adicta al celular, o personas de baja visión, en caso de una emergencia, temblor o incendio, llenos de nervios encontraremos más fácil la salida. No se te olvide incorporar la señalética Braille para informar a las personas con disCapacidad visual que hay detrás de esa puerta.

Salidas de emergencia

En cuestiones de emergencia ya hay muchos protocolos para atender a las personas con disCapacidad. Busca el que hay en tu localidad, pues deben estar preparados sobre qué hacer en un temblor o incendio con las personas con movilidad reducida. Siempre debemos de tratar que las personas usuarias de silla de ruedas estén en planta baja, ya que si está en un piso alto no podrán usar el elevador ni bajar por las escaleras, tendrán que quedarse arriba hasta que los puedan auxiliar. ¿Cómo te sentirías, si fueras usuario de silla de ruedas, al llegar a un hotel en la Ciudad de México y te asignen una habitación en el piso 18 y recuerdes los terremotos del 19 de septiembre? Siempre se agradecerá si tienes tu habitación lo más cercano a la salida, si tienes movilidad reducida rápidamente puedes salir, aunque se te haga tarde, no tienes que recorrer todas las instalaciones.

Las puertas de emergencia deben tener un mínimo de 1. 20 m de ancho libres dentro del marco, por lo que ya comentamos, para que puedas salir con tu abuela agarrándola del brazo, con tu perro guía o con tu niño de la mano. En la parte superior de la puerta coloca a una lámpara de emergencia con sistemas de luces intermitentes visual y sonoro. Señalizar bien en Braille y visualmente para distinguirla bien. Trata que la barra de pánico se pueda desbloquear con el pie, por si eres usuario de silla de ruedas o tienes nula o poca movilidad con los brazos.

Y siempre tener muy bien capacitado al personal para la atención al público en casos de emergencia.

Revisa tus pisos, muebles, las alturas de operación y el espacio de circulación

Dedica el tiempo para hacer una revisión de la comunicación horizontal de tu área de trabajo, te invito a que lo hagas acompañado de personas que puedan tomar decisiones y asígnale a cada uno una disCapacidad visual, auditiva, intelectual; a otro la postura de un niño, adulto mayor y sienta a alguien en una silla de ruedas, y trata de hacer el recorrido y participar en los servicios que se ofrecen, verás qué interesantes serán los comentarios de tus compañeros. Muchas veces hay barreras que no nos imaginamos hasta que nos ponemos en el lugar de las otras personas.

Pisos

Haz que sientan el piso, que te digan si es antiderrapante en seco y en húmedo, fácil de pisar, cuida que no sea brilloso para que no deslumbre o se vean reflejos que confundan al caminar. Un lugar donde te puedas sentar si te cansas, que tengan barandales en encaminamientos largos, estos siempre deben de ir con doble barra, a 70 cm y 90 cm, para las diferentes estaturas que lo puedan sostener los niños y los adultos. Hacer que la accesibilidad pase desapercibida, pero este de forma cómoda con diseños para todos.

Revisa que en el itinerario cuente con pasillos amplios mínimo de 1.22 m, que no existan desniveles o bordes mayores a 1cm, que esté siempre despejado y no estorben al caminar tapetes o felpudos, macetas, muebles, elementos voladizos que no proyectan hasta el piso, como muchas veces ponen los extintores de fuego en alto, recuerda que, aunque diga la normativa de tu país que van a una altura, piensa que puede golpearse alguien con disCapacidad visual. Imagina que eres usuario de silla de ruedas, estás solo e inicia un incendio, miras al extintor y está colgado arriba, ¿cómo te sentirías? Los extintores deben estar en el piso con un caja metálica en forma de media luna, para que no tenga esquinas, piensa antes de hacer las cosas. Recuerda siempre que primero es la persona antes que el objeto.

La iluminación en todo el itinerario es importante que sea homogénea y sea la adecuada, que no se vea oscuro ni que lastime, de los 150 a los 500 lux según los tipos de espacios. Toma en cuenta que los escritorios o áreas de atención para las personas no den la espalda a un ventanal ya que las personas sordas no podrán leer los labios, solo verán la sombra de la persona lastimándole la luz, lo ideal es que la ventana quede de lado al escritorio.

Las escaleras deberán tener un ancho mínimo de 1.20 m, la altura del escalón de 17 cm y el ancho del escalón de 30 cm. Trata de que tenga máximo 12 peldaños por tramo, no olvides instalar pasamanos en ambos lados con doble barra, a 70 cm y 90 cm y prolongarlos unos 30 cm después del último escalón. Instala una cintilla antiderrapante y marcar el primer y último escalón en forma táctil y visual, no solo para las personas con disCapacidad visual, sino para los que van distraídos con el teléfono.

No debe tener objetos ni adornos que obstruyan los escalones de descanso y revisa que tenga buena iluminación y bandas fluorescentes para marcar los escalones cuando no esté iluminado.

Para los elevadores, la puerta de entrada mínimo de 90 cm, la botonera de afuera y adentro entre 70 cm y 1.20 m, que lo alcance un niño, una persona de talla baja y un usuario de silla de ruedas y señalizada en Braille. En la parte interna que tenga un espejo de fondo y barras para sostenerse. Busca que tengan avisos parlantes para que las personas con disCapacidad visual escuchen en qué piso están y lógicamente luminosos para las personas con disCapacidad auditiva.

Ten baños accesibles

Los baños son todo un tema, dicen que el que sabe hacer un buen baño accesible ya todo le será fácil. Para los baños públicos recomiendo diseñar un tercer baño para ambos sexos con acceso independiente, llamado baño universal o baño familiar. Este diseño permite su uso a personas con disCapacidad que necesitan asistencia en el baño y que puede ser realizada por alguien del sexo contrario. Si no fuera posible esto, incorpora cabinas en los baños de hombres y de mujeres.

Revisar que el piso sea antiderrapante en seco y en húmedo, las puertas que tengan 1 m de ancho y en las cabinas o baño pequeño, las puertas tengan abatimiento hacia afuera, esto por seguridad por si la persona se cae adentro poder sacarla.

El espacio interior de la cabina debe de quedar un espacio libre de 1.50 m. x 1.50 m, que es el espacio que necesita una silla de ruedas para girar 360 grados. Incorporar barras de apoyo con un diámetro de 3.8 cm, fijadas a base de taquete expansivo que garantice un esfuerzo de tracción mínima a 500 kg, una fija situada en el muro en forma de L y la otra abatible. Ambas ubicadas a 40 cm como máximo del eje del inodoro y a una altura de 75 cm. Una buena práctica si tenemos espacio, es colocar el inodoro en la parte central y dejar dos espacios libres a los lados de 80 cm con dos barras abatibles a los lados, no olvides poner percheros para los bolsos, mochilas y muletas.

La iluminación debe ser homogénea y suficiente y no instalar iluminación con sensor de movimiento. Muchas veces las personas con movilidad reducida especialmente en los brazos, no pueden hacer que se active el sensor y tienen que quedarse a oscuras.

El lavamanos no debe tener pedestal ni faldón que impida la aproximación de la silla de ruedas. La altura libre inferior debe ser de 70 cm, y la altura máxima terminada del lavamanos debe ser de 80 cm. Las perillas de los lavamanos deben de ser de palanca o de monomando de cuerpo alto (facilita el lavado de sondas), aunque lo ideal es que fueran con sensores. Cuidar que las personas de talla baja, niños y personas usuarias de silla de ruedas se alcancen a ver en el espejo del lavamanos y si es posible instalar un espejo de cuerpo completo para que antes de salir se puedan revisar especialmente las personas con disCapacidad intelectual.

Los cerrojos y chapas deben ser de fácil apertura con un aviso de ocupado y desocupado para las personas con discapacidad auditiva, porque no escucharán cuando les tocan la puerta.

Incorpora un botón o teléfono de emergencia y una alarma estroboscópica que es luminosa y auditiva.

El WC debe tener una altura de 45 cm para que quede al nivel de la silla de ruedas y no sea difícil la transferencia. Lo ideal es que el desagüe sea de forma automática, o de una forma sencilla, pero nunca de pedal. No se te olvide que debe existir un espacio libre de 80 cm a un costado del WC para la transferencia desde la silla de ruedas y libre de obstáculos, luego en ese espacio dejan el bote de basura estorbando. El papel higiénico debe estar ubicado a una distancia cómoda de alcance sentado desde el inodoro de no más de 40 cm.

Por lo menos un mingitorio o urinario debe estar más abajo y con barras de apoyo verticales paralelas en ambos lados con una longitud de 90 cm, a partir de los 60 cm de altura a nivel del piso. Lo ideal son los urinales que van hasta el piso, así quedan para todas las estaturas, o instalarlos escalonados para que se vea más estético.

El baño debe contar con asientos pediátricos, geriátricos y cambiadores con perchero para la pañalera. Como ves, el baño es uno de los espacios que más detalles deben de tener para que la persona sea lo más autónoma posible en una actividad tan privada en un lugar público, empatiza e imagina qué sentirías que te estén ayudando en ese momento. En los baños de casa lo importante es observar las necesidades de la persona que lo utiliza y elimina cada una de las barreras que tenga.

Una vez me llamaron para que ayudara al hijo de una persona que tuvieron que cortarle una pierna, la mamá desesperada me decía que no podía ni hacer lo básico por que se resbalaba con las muletas en el baño y lógicamente es uno de los lugares más peligrosos de la casa para las personas con disCapacidad. Le dije que observara cada movimiento de su hijo y anotara en qué momentos lo veía inseguro y le costaba trabajo hacer las cosas. Así hicimos fácilmente un listado de las adecuaciones que se debían hacer. Hazlo con tus adultos mayores para que no tengan ninguna dificultad para realizar actividades tan básicas y necesarias. Ya hay muchos aditamentos en el mercado para facilitar a las personas con diferentes disCapacidades para peinarse, lavarse los dientes, ducharse, etc. y nunca olvides la señalética en Braille de todos los productos para que la persona con disCapacidad visual sepa cuál es el *shampoo*, el acondicionador, la crema etc.

Retretes para perros

También tenemos que tomar en cuanto a los perros guía. Si tu espacio es *Pet Friendly*, con más razón. Lo que antes era impensable, ahora es más común que diferentes lugares como restaurantes, hoteles e incluso centros comerciales, tengan ya estos servicios y es una tendencia que está en crecimiento en gran parte del mundo.

Busca un espacio que puede ser tan pequeño como de 1m x 1m o tan grande como el del aeropuerto de Chicago, Nueva York o Detroit, y verás que cuentan con pasto artificial, regaderas que limpian los desechos, espacios de descanso y bolsas para que los dueños recojan los excrementos.

Busca un espacio para que el can pueda orinar sin problemas. Esto puede ser con pasto natural o artificial, o algún tipo de piso lavable, lo ideal es que tenga bebedero de agua, lavabo para que el dueño se lave las manos, bolsitas para excrementos y bote de basura. Ya lo podrás complementar con bebedero para el dueño, juegos, espacios para aseo del perro, espacio amplio para que el perro pueda correr o hasta tienda de productos para mascotas. Imagina que viajas con tu perro guía o tu perro de asistencia, ¿qué te gustaría encontrar para él?, así como te cuida a ti debes cuidar de él.

Revisa tu señalética

Pensar en utilizar el Braille en una señalética útil. Hemos visto en muchos lugares del mundo que los cajeros automáticos tienen señalética en Braille, ¿le sirve a las personas con disCapacidad visual? No ven la pantalla, no saben si dice fuera de servicio o sin dinero, más que señalizados lo que se necesita deberían de ser parlantes.

Una noche estaba yo en un restaurante, en la mesa de enfrente estaba un muchacho con discapacidad intelectual y presté atención cuando el muchacho pregunta: "¿mamá puedo ir al baño?", "no hijo, ya sabes que solo no vas al baño, espera a que termine de comer". Pienso que tendría unos 20 años, la mamá a punto de darle una mordida a su delicioso taco de arrachera, el muchacho con cara de hoy sí lo voy a lograr, le dijo "es que ya me estoy haciendo", la mamá con la boca llena le dijo "bueno, ve". El muchacho con una cara de felicidad rápidamente se paró y fue hacia el baño, ¿cuál fue su sorpresa cuando vio en una de las puertas del baño la imagen del sol y en otra la de la luna?, su cara de felicidad se convirtió en una cara de entre miedo y duda, veía una y la otra puerta. Creo que como era de noche se metió a la de la luna, en cuanto entró y apenas dio un paso cuando salió una señora y le dijo, "¡Fíjate! ¡es el baño de mujeres!", él salió de inmediato, sin entrar al baño, y se sentó en su mesa. La madre le preguntó con cara de sorpresa "¿ya tan rápido hijo?" Él contestó nervioso que sí. Imaginarás que nunca irá de nuevo solo al baño, y claro, podría haber muchos culpables, la mamá que no le enseña a ir solo, la señora que fue descortés con él, o él que debe de aprender a ser más seguro de sí mismo, pero yo diría que la mayor culpa es del diseñador de la señalética, que cuando se le ocurrió la luna y el sol pensó que era genial esa idea, pero no tenía una mentalidad incluyente. Donde en otras culturas es al revés. Una persona con discapacidad intelectual no lo comprendería, por eso es tan importante en nuestros diseños pensar en todos.

Cumpliendo con el principio de diseño universal debemos de incorporar una señalética que sea simple e intuitiva. Para que un niño o persona con disCapacidad intelectual pueda comprender toda la información.

Incorporar señalética para que las personas sordas puedan encontrar fácilmente todos los edificios sin tener que preguntar y se encuentren con personas que sólo les alcen las cejas.

Recordar las alturas para fácil lectura pensando en las personas de talla baja, niños y personas usuarias de silla de ruedas.

Incorporar en todas las áreas señalética en Braille y elaborar un resumen de la información de los posters informativos e incorporarlos en Braille. Se puede incorporar anunciadores parlantes con código QR. No olvides elaborar tus tarjetas de presentación y folletería en Braille

Ahora debemos de trabajar en sistemas de información que guíen a las personas a través de los ambientes físicos que mejoren su comprensión y experiencia en el espacio, que las paredes y los pisos te "griten" para dónde vas, eso es el Wayfinding, centrado en las necesidades de comunicación de todas las personas y ayudándole a orientarse en todos los espacios.

Hace algunos años visité Argentina y platiqué con Santiago Duhalde, que trabajaba en el tema de accesibilidad del gobierno. Me explicaba de la importancia de la accesibilidad cognitiva, parte indispensable de la accesibilidad universal y que habitualmente no se toma en cuenta. Debemos pensar en señalizar para que todas las personas puedan comprender y no depender de alguien que lo ayude. Cuántas veces vamos a alguna plaza comercial y nos es difícil encontrar los baños, o regresar a buscar el automóvil que no recordamos dónde lo dejamos y todos los pisos del estacionamiento son iguales. Vamos a una alberca y hay un reglamento enorme que no podemos leerlo, cuando con pictogramas pudiera quedar más claro. La señalética debe ser un tema revisado por expertos para que realmente cumpla su función para todas las personas.

Haz un listado de los servicios que ofreces

La Accesibilidad debe pasar desapercibida a los usuarios, que el diseño de tu espacio sea, cómodo, estético y seguro. El usuario se debe acomodar instintivamente a la circulación y uso de los espacios, no debe notar o tener que buscar alternativas. Todo cambio debe ser sinónimo de seguridad y calidad como nos dice, Enrique Rovira-Beleta. Pero hay algo muy importante la USABILIDAD puede ser el lugar más accesible y mejor pensado, pero no usable.

Imagina que el arquitecto y el dueño de un hotel diseñan un espacio muy accesible con habitaciones incluyentes, pensando en las alturas de las ventanas, los bufete y mecanismos de fácil apertura para los niños y usuarios de silla de ruedas, hasta un retrete para perros muy bien diseñado. Cuando inauguran el hotel dice "Solo adultos y no se permiten mascotas" aparte ponen un mostrador en la recepción de mármol travertino impresionante a una altura de 1.50 m, ¿cómo? ¿no habrá niños? Esto es exclusión y un desperdicio de espacio. Ahora imaginemos que va la persona con disCapacidad visual y la persona de seguridad le dice que no puede entrar con el perro, cuando todos sabemos por ley que el perro guía puede entrar a todos los espacios, pero lógicamente el de seguridad no está capacitado. Así vemos cómo un espacio puede ser muy accesible, pero por el mobiliario, procedimientos y políticas no son usables.

Siempre debemos de pensar en las personas con disminución de funcionalidades:

- La infancia
- Los cambios que trae consigo la vejez
- La obesidad
- Las diferencias en la antropometría o dimensiones del cuerpo
- El embarazo
- El uso de lentes y/o audífonos
- Secuelas físicas y/o sensoriales por enfermedad o accidente
- Lesionados temporales
- Los espacios y servicios deben estar pensados para dar servicios a todas las personas.

Te recomiendo que hagas un listado de los servicios que brindas, por ejemplo, un cine: compra de boleto on-line, compra de boletos en taquilla, baños, venta en dulcería, sala de cine y tarjeta VIP.

Puedes hacerla en tabla para que sea mucho más visual para cada una de las disCapacidades, adulto mayor, niños, etc.

<u>Compra de boleto:</u> Si es on-line: revisar que la página sea accesible para personas con disCapacidad visual, que la información sea clara para personas con disca Capacidad intelectual y puedan comprar los boletos. La página debe ser fácil de usar para adultos mayores. Revisar que los *tráilers* tengan subtítulos, aunque sean películas en español para las personas sordas. Si es en la taquilla, revisa si la altura de

operación es adecuada, si el personal sabe comunicarse en lengua de señas, en su manual de funciones deben saber, quién deberá acompañar a una persona con disCapacidad visual o movilidad reducida hasta su asiento, se debe entregar en Braille su número de asiento.

<u>Baños:</u> Revisar que exista un tercer baño para que la mamá pueda ingresar con su hijo con disCapacidad intelectual, o el esposo que ayuda a su esposa en silla de ruedas, o que las cabinas del baño tengan ocupado o desocupado y alarma estroboscópica para personas con disCapacidad auditiva.

<u>Venta en dulcería:</u> La altura del mostrador deberá ser alcanzada por un niño o persona usuaria de silla de ruedas. Carta en Braille y que el personal conozca la lengua de señas.

<u>Sala de cine:</u> Deben de estar señalizados los asientos en Braille, ¿está en el manual de funciones de algún trabajador quién debe acompañar a la persona con disCapacidad al baño, a la dulcería o en caso de emergencia?

<u>Tarjeta VIP:</u> la persona sorda necesitará subtítulos, qué mejor, que intérpretes que pueda ver en una aplicación en su celular, las personas con disCapacidad visual tienen audiodescrito de la película. ¿Hay accesibilidad para la persona usuaria de silla de ruedas?

Podríamos enlistar muchas acciones que pudieran hacerse para lograr la inclusión, sólo es cuestión de pensar en cada una de las disCapacidades y analizar cómo podrían acceder a ese servicio y empezar poco a poco a hacer los cambios. Si requieres ayuda, necesitas proveedores o tienes dudas escríbenos a culturadiscapacidad@gmail.com

Ojalá que las casas, las calles, los edificios, plazas, cines, restaurantes, teatros, etc., sean accesibles y toda la infraestructura esté adaptada, pero no servirá de mucho si las personas no lo están. Por ello es muy importante capacitar a todos para una atención incluyente, instruir para tener esa educación y buen trato. La pregunta de los 64 mil millones ¿Quién es el responsable de hacer estos cambios?, la respuesta es sencilla TÚ. Solo tú puedes hacer que desde tu trinchera que nuestros países cambien, transfórmate un guerrero por la inclusión.

CAPÍTULO IV:

EDUCACIÓN Y BUEN TRATO

Todos sabemos de urbanidad, de modos sociales, de "saber estar", pero nos asaltan los temores y las dudas cuando tenemos que atender a alguien "diferente", como si fuera de otro planeta. Cuando tengamos que hablar con una persona que nuestra mente nos haga creer que no es igual a nosotros, recordemos que todos somos iguales, de la misma raza, sólo que con algunas diferencias accesorias. Así, algunos hablarán otro idioma, otros tendrán una forma corporal diferente, otros son más agresivos y otros más amorosos. Para evitar malentendidos, lo único que tenemos que pensar es cómo nos gustaría que nos atendieran si fuéramos la otra persona. Si yo grito, ¿me gustaría que me gritaran? o más bien contuvieran mi enojo y me dijeran que todo va estar mejor.

El tema aquí es la empatía, que es una de las competencias más importantes en la inteligencia emocional y una habilidad social que debemos desarrollar. Comprender los sentimientos de la otra persona sin compartir las mismas opiniones, tal vez sin ni siquiera estar de acuerdo en practicarlas, nos ayudará a ampliar nuestra visión y enriquecer nuestro mundo con nuevas formas de ver las cosas.

Como todas las habilidades, la empatía hay que desarrollarla, y esto se logra poniéndose en la piel de la otra persona. Entender que pasa por la mente de la otra persona, si cada vez que diseñamos o damos un servicio, nos pusiéramos a pensar cómo va a recibir este servicio una persona con movilidad reducida, un extranjero, una persona con obesidad, alguien en silla de ruedas o que no escuche ni vea, si nos ponemos un momento en su lugar, nuestra forma de brindar servicios cambiaría. Debemos de buscar que todas las personas se sientan a gusto con nuestro servicio, lo disfruten y salgan dejando una estela de satisfacción, con ganas de regresar y agradecimiento por habernos encontrado en el camino. Parecería muy romántico y a la vez difícil pero no es así, te escribiré algunos consejos para lograrlo:

Actúa con naturalidad, sé que tal vez no hemos convivido con personas con diferencias desde niños. Es una de las cosas importantes de la inclusión educativa y laboral, nos hubieran acostumbrado desde niños a convivir con personas en situación de disCapacidad para desarrollar estas habilidades de empatía. Así como sabemos que las niñas entran al baño de las niñas, deberíamos de saber que mi compañero escribe en Braille y mi amigo utiliza señas para comunicarse. Pero como muchas veces no lo aprendimos de niños ahora no sabemos cómo actuar y lo que más vi con mis amigos, es actuar con sentido del humor, riéndose de su situación disCapacidad y aprovechando lo que sí pueden hacer.

No debemos forzar nuestra ayuda o brindar ayuda innecesaria. Sé que hay un hilo muy delgado entre ser atento y sobreproteger, por eso recuerden siempre la receta mágica: siempre preguntar a la persona: "¿te ayudo?", si nos dice que no, respondemos, "para lo que se te ofrezca aquí estoy", si te dice que sí, pregúntale "¿cómo?", y sigue cada indicación que la persona te diga, porque la persona le gustará de una o de otra forma, haz que se sienta a gusto y seguro contigo.

Di no a la sobreprotección, recuerda que uno de los elementos para que una persona sea feliz, además de los amigos y las pachangas, es sentirse autónomo. Es lo que te da una satisfacción, ya la has vivido muchas veces, recuerda el ¿cómo te sentiste esa vez que lo lograste algo solo?, entonces si ayudas y sobreproteges la persona estará cómoda contigo, pero no la harás feliz.

No generalices. Como tú subes a tu abuelita en la escalera, a otra persona no le va a gustar, cada disCapacidad es diferente y dentro de la misma hay muchas personas que requieren atención diferente. Habrá personas con disCapacidad auditiva que quieren que tengas intérprete de lengua de señas, hay quien no sabe señas y le gustará que le escribas, otro será experto en lectura labio facial, por ello siempre pregunta antes de generalizar.

Recordemos las normas de etiqueta que nos enseñaron nuestras abuelas. Para las personas con disCapacidad son las mismas: saludar, dar las gracias, despedirse, recuerda la voz de tu abuela o de tu mamá, "Saluuuda, di gracias, despídete". Cuando veas a una persona en situación de disCapacidad escucha esa voz y busca la mejor forma de saludar, de agradecer, de despedirte, pensamos que por que ya es muy mayor o muy niño, tiene disCapacidad y no nos ve o no nos escuchar o entender, las reglas de cortesía son para todos.

Y recuerda la empatía es nuestra mejor habilidad en este tema de la educación y el buen trato, aunque no siempre acertaremos. Recuerdo un 8 de septiembre, día de Nuestra Señora de Meritxell, estaba en Canillo, Andorra. Un lugar cargado de simbolismo para mí. El año en que yo nací, 1972, el santuario de Meritxell sufrió un terrible incendio y quedó prácticamente arrasado, no queda casi nada del templo original, ahora se construyó la Basílica Santuario de Meritxell, una construcción hermosa con un paisaje majestuoso, dentro está la imagen de la Virgen con una mano larga de tanto ayudar y bendecir, desde la primera vez que la vi, le prometí que si tenía una hija se llamaría como ella, por ello tu nombre mi adorada Corazona, desde los años 90 ya sabía cómo te llamarías. Cada año que la visitaba le pedía por ti, para que nacieras pronto y con una misión grande en este mundo. Ese día, emocionado como cada vez que iba, subí al autobús, para llegar al Santuario de Nuestra Señora de Meritxell, que está en el corazón de Canillo. Venían todos los asientos ocupados, busqué por unos segundos un asiento vacío. Y cuál sería mi sorpresa cuando unas niñas, como de 10 años, que se veía que eran hermanas, se levantaron de su asiento y me dijeron "siéntese señor", casi me da un infarto, quería darles un zape, me vieron viejo. Esas niñas no tenían empatía. Cómo con unas palabras, me hicieron sentir tan mayor, era inconcebible que con unas cuantas canas yo necesitara que unas niñas débiles y pequeñas me ofrecieran su asiento. Claro que les sonreí e inmediatamente me senté para que no me ganaran el lugar, en eso volteo a ver a la mamá de las niñas con una cara de satisfacción de ver lo educadas que eran sus hijas. Ahí yo empatice con ella, esa satisfacción de ver que sus hijas se preocupan por el otro, aunque no sepan que todavía no supero ese incidente, cuando lo recuerdo, corro al espejo y digo "¿qué? ¿sí me veo muy viejo?" Pero lógicamente valoro la intención de las niñas y de la educación que les dio su madre, aunque hubiera preferido que no me lo hicieran a mí, ja, ja, ja, es broma. Así deben valorar nuestros clientes nuestro servicio, que sepan que estamos dispuestos para agradarles y servirles lo mejor que podamos.

Atiende correctamente a las personas con disCapacidad auditiva

Lo primero que tenemos que hacer cuando una persona tiene disCapacidad auditiva, es mirarlo con atención y de frente, darle esa seguridad de que le pondrás toda tu atención y harás hasta lo imposible por comunicarte.

Si no estás entendiéndole dile sin pena, dile la verdad y eso le ayudará a tratar de expresarse mejor, poder decirle que te repita de nuevo la frase, la persona sorda buscará sus mejores habilidades para darse a entender. A ti te toca poner mucha atención para tratar de entenderle lo más claro y rápido posible, y verás que poniendo los dos su mejor esfuerzo, será más fácil la comunicación.

Siempre dirígete a la persona con disCapacidad nunca a su acompañante o intérprete, cuando hablas usando micrófono, no veas al micrófono ni a las bocinas, ve a las personas a las que te estás dirigiendo, entonces ¿por qué ves al intérprete cuando hablas con una persona sorda?. El intérprete de lengua de señas es solo un canal de comunicación, no es el que te responderá ni tomará la decisión.

Cuando hay un evento, contrata a un intérprete de lengua de señas. Toma en cuenta que, si son personas de diferentes países, deberás contratar intérprete de lengua de señas de cada país, para que la persona sorda pueda disfrutarlo, y cuida que si van a poner un video o una presentación en pantalla, el intérprete esté iluminado. Muchas veces pasa que contratan al intérprete y al iniciar el evento apagan la luz y las personas con disCapacidad auditiva no pueden verlo y no se entera de nada.

Cuando estés hablando de cerca con la persona con disCapacidad auditiva, habla de manera clara pronunciando bien las palabras, no de manera exagerada, a un ritmo normal, a no ser que te pida que lo hagas más lento y fuerte.

Siempre háblale de frente no al lado o atrás de ella. Es normal que en los restaurantes les hablen detrás o de lado para preguntarle si le retiran el plato. Es algo importante de protocolo que tenemos que cambiar cuando atendemos a una persona con disCapacidad auditiva. Podemos tocar suavemente su hombro para llamar su atención y que nos lea los labios cuando hablamos.

Mientras estés conversando, mantén siempre el contacto visual. Si desvías la vista, la persona sorda puede pensar que la conversación terminó o que estás iniciando una nueva conversación con otra persona.

Para hablar con las personas sordas tienes muchos recursos, vocalizar bien las palabras, señalar, escribir, etc., utiliza todos tus recursos. Ya te comenté anteriormente en el tema de comunicación que la lengua de señas es diferente en cada país, ¿por qué crees que las personas sordas pueden comunicarse con sordos de varios países sin saber los idiomas? pues están acostumbrados a utilizar todos sus recursos de comunicación, así que en los encuentros internacionales podrás darte cuenta que las personas sordas pueden platicar por horas sin conocer las señas en otros idiomas.

Una vez se organizó con compañeros del trabajo un viaje por Holanda, Francia e Italia. Cuál fue nuestra sorpresa cuando vimos que un compañero sordo se anotó. No faltó el comentario desafortunado, "¿y cómo vamos a hacer para comunicarnos con él en todo el viaje?, ¿cómo se dará entender en esos países?". Pues cuál fue nuestra sorpresa cuando vimos que no solo se podía comunicar con todos allá, sino fue el intérprete del grupo, todos lo buscaban para que fuera a las tiendas y pidiera sus rollos fotográficos, que en ese tiempo se utilizaban, ¿cómo explicar en francés, me da dos rollos 110 de 25 exposiciones? Todos lo perseguían para que él fuera el que entrará a las tiendas y usara su mágica mímica para obtener los productos. En los restaurantes primero los 25 nos poníamos de acuerdo en qué pedir y cuando venía el mesero, todos volteaban a ver al experto en comunicación manual, para que pidiera nuestros platillos. Al ver su habilidad y seguridad para comunicarse en el extranjero, una amiga le preguntó "¿no te es difícil comunicarte en estos países?", él le respondió con su no muy buena calidad vocal, "para mí es lo mismo darme a entender en Holanda, en Francia o en México". Claro, a sus 43 años había adquirido la experiencia de darse a entender para obtener lo que necesita, así como él hacía su mayor esfuerzo para darse a entender, será lo mismo que espere de ti cuando lo atiendas.

Si ya la atención requiere de más tiempo, profundidad y los datos son muy importantes, lo mejor es buscar un intérprete. Ahora con la tecnología es más fácil y puedes hacer una video llamada, en los múltiples programas que hay, para poderte comunicar mejor.

Prepara tus servicios para atender a una persona sorda. Normalmente, para brindar un servicio no se requiere mucha comunicación, ¿cuánto uno conversa con un mesero?, sobre los platillos, ten una carta con fotografías, así podrán establecer una elección de platillos señalándolos. En un banco, ¿cuánto hablas con el cajero? y ¿en una tienda de abarrotes de la esquina?, puedes hacer con tarjetas e imágenes lo básico para comunicarte con gráficos y palabras sencillas y no olvides que podrá leerte los labios, ver tus expresiones, etc. y todo eso en conjunto, le ayudará a comunicarse mejor.

Ten cuidado de que se vea muy bien tu boca para que pueda hacer una lectura labio facial más clara. Si tienes bigote largo, chicle, tapabocas, etc. se perderá gran parte o toda tu información. Es terrible para una persona sorda ir al dentista y que se comunique contigo con un tapabocas, sobre todo cuando te va a decir el costo. Imagina también la nula comunicación cuando en algunas casas de cambio las taquillas o puertas con interfón no puedes ver a la persona. Cuantas veces para ingresar a un edificio les gritan, "jala la puerta ya está abierto", o en taquillas con vidrios polarizados te piden que pases por debajo de la ventanilla los billetes. ¿Te has puesto a pensar cuántas veces sucede todo esto en el día normal de una persona sorda? Es muchas veces frustrante tener que salir a la calle y toparte con una y otra barrera de comunicación. Y todo esto no es cuestión de sordos, es cuestión de extranjeros, lo mismo has vivido tú en otro país que no habla tu lengua, pero esto es todos los días. Aprende lo mínimo en lengua de señas para que brindes un mejor servicio. Y puedes dar un gran paso contratando a una persona sorda que tendrá doble beneficio, atenderá a tus clientes con disCapacidad auditiva y enseñará a sus compañeros a comunicarse mejor. Una vez en la ciudad de Morelia, gracias a una política del gobierno municipal, se contrató un porcentaje de personas con disCapacidad en el ayuntamiento, era curioso ver como se resistían a que les asignaran personas sordas, hablaban los jefes preocupados, "no me manden sordos que no sabemos cómo comunicarnos con ellos", pero claro que se contrataron. A las pocas semanas, ya las personas de esas oficinas sabían saludarse en señas, y establecían comunicación en toda el área.

Algo que siempre nos piden las personas sordas es que seamos más expresivos al hablar. En nuestro lenguaje hablado están las palabras bellísimo, amabilísimo, buenísimo, en las señas se usa la misma palabra, bello, amable y bueno, pero el superlativo se hace especialmente con el rostro, así que practica en un espejo tus caras de amabilidad, de preocupación, de duda, etc. Las expresiones faciales, los gestos y los movimientos de tu cuerpo serán excelentes apoyo de lo que quieres decir. Cuando te comuniques con la persona sorda da más énfasis en tus expresiones sin exagerar. Cuando hagas preguntas alza las cejas y haz un ligero movimiento al frente, eso dejará más claro que estás preguntando.

Siempre que quedes en algo con una persona con disCapacidad auditiva, ratifica que te entendió la hora y el lugar donde se quedaron de ver. Esa información es muy importante, y muchas veces damos por hecho que se entendió.

Todo lo que puedas señalizar para que encuentren los espacios sin tener que preguntar, les ayudará mucho: baños, oficinas, caja. Recuerda que cuando tú estás perdido en un centro comercial, una calle, o dentro de una universidad etc., es fácil preguntar y las personas como siempre te desorientan más ji,ji, pero a las personas sordas muchas veces les es difícil entender a la primera. Así que, si está bien la señalética de los espacios, no tendrán que estar preguntando.

Siempre instala avisos visuales claros, con letras grandes y contrastantes, de tus procedimientos, informaciones importantes, información que les ahorre tener que preguntar algo sencillo que se puede complicar a la hora de la comunicación.

No olvides estar al pendiente de la iluminación, recuerda que escucha con sus ojos, si tienes una luz muy tenue le costará trabajo leer tus labios. Algo muy frecuente para atender al cliente en un escritorio es que la ventana no quede frente a la persona sorda, porque la luz en la ventana le lastimará, sólo verá tu sombra y se perderá mucha información. De preferencia que la ventana esté a un lado del escritorio o no haya alguna.

Una vez fue Perla Moctezuma con unas amigas con disCapacidad auditiva a visitarme a Morelia y me dijo que tenían ganas de ir a un bar por la noche a tomar algo. Caminamos por las calles donde había decenas de bares, pero al entrar las luces eran muy tenues y no podíamos platicar en señas, casi no se veían nuestras manos, entrabamos y salíamos de los bares buscando uno con más luz. Hasta que, en uno de ellos al salir, afortunadamente estaba el dueño ahí, y nos preguntó "¿por qué se van?", yo le comenté que faltaba luz, que no podríamos platicar. Inmediatamente me dijo "síganme", se acercó a una mesa donde había un cuadro estupendo y bien iluminado, imagino que habrá sido una pintura muy costosa, se subió a una silla y movió el foco que alumbraba el cuadro hacia la mesa. Mis amigas estaban felices, Perla me dijo, "¿una mesa para sordos?", desde esa vez siempre me pregunta si he ido al bar de sordos. Y no era un bar para sordos, era un lugar donde el dueño tuvo la sensibilidad y la atención de mover un foco para convertir su espacio en un lugar incluyente.

Hay que tener cuidado en nuestros arreglos y centros de mesa. Cuando hay personas sordas signantes lógicamente platicarán en las mesas y lo que obstruya su visibilidad se irá al suelo. He ido a muchas bodas y fiestas de 15 años, donde imagino a la novia o a la quicialera que se ha esmerado para escoger el arreglo de la mesa, pero no recordó que ahí se sentarían personas sordas así que su adorno de inmediato quedará en el piso, para poder signar y disfrutar de la fiesta.

Instala alarmas visuales, se llaman alarmas estroboscópicas, para que las personas con disCapacidad auditiva se sientan más seguras. En los baños, habitaciones de hotel, centros comerciales y en lugares donde hay peligro de incendios o de temblores. Debes tener cuidado de asesorarte bien para que la alarma visual no cause ataques fotosensitivos a personas con epilepsia u otro tipo de disCapacidad con los estímulos luminosos.

Imagínate cómo se sentirá una persona con disCapacidad auditiva, sola en una habitación de hotel, se preguntará: "Si se quema el hotel, ¿cómo me voy a enterar?, no escucho los gritos, las llamadas telefónicas, menos si tocan a la puerta". Por ellos es bueno instalar las alarmas estroboscópicas y que el teléfono de la habitación tenga luz cuando suena, hay muchos modelos y muy económicos, detalles que cambiarán la noche de la persona sorda.

Recuerda siempre que en los videos que utilizas para informar o promover tus productos o servicios incorporar el recuadro con intérprete de lengua de señas. Pero por favor hazlo bien, lo ideal es que el intérprete de señas ocupe el 30% de la pantalla. Como vemos muchas veces en la televisión, el recuadro es muy pequeño, las personas con discapacidad auditiva pronto tendrán una discapacidad visual por hacer tanto esfuerzo para ver un recuadro tan pequeño. Siempre incorpora subtítulos a los videos para las personas con disCapacidad auditiva que no saben señas y servirá para todos, porque si hay ruido externo podrás estar atento a lo que dice el video leyendo la información.

Sé atento con las personas con disCapacidad Visual

Lo primero que tienes que hacer cuando veas a una persona con disCapacidad visual, es identificarte antes de tener contacto físico. Esto para que sepa quién eres y luego toma su mano para saludarlo, si van a caminar ofrecerle tu hombro. La persona pondrá su mano en tu hombro y se sentirá más seguro cerca de ti, descríbele todo lo que hay en el espacio, trata de ser sus ojos, ve alrededor y piensa "¿qué me gustaría que me describieran del lugar?".

Las personas ciegas por medio del tacto identifican texturas, reconocen formas, tamaños y pesos, establecen semejanzas y diferencias, conocen la temperatura e identifican objetos. Por medio del oído perciben la distancia, la profundidad, detectan claves y señales que los orientan y les ayudan a detectar obstáculos.

Yo vivía en la Ciudad de México y mi papá vivía en Cancún con su esposa Mary y mi hermano al que extrañaba mucho, así que todos los puentes, cumpleaños y fiestas, iba visitarlos. Me gustaba mucho ir, me divertía y viajamos mucho. Un día mi papá me llevó a un pueblo cercano, donde había una escuela para niños ciegos. La escuela estaba en malas condiciones físicas pero la directora y los alumnos eran los más felices de ahí, me propuse ayudarles y aprender todo lo que pudiera. En una visita reuní a los niños y les pregunté "¿qué necesitaban?", me dijeron que les llevara una lavadora y un equipo de música con batería, órgano y sonido para que abrieran un grupo musical. Les pregunté cuál era su mayor sueño, yo imaginaba que teniendo disCapacidad visual responderían que querían ver, y cuál fue mi sorpresa cuando Zazil me dijo que quería aprender a usar la lavadora y de grande lavar mucha ropa, Antelmo me dijo que quería ser piloto de avión, otro más, chofer de un camión. Me quedé sin palabras, no sabía qué responder, ni cómo orientarlos. Pensé que cuando yo fuera grande debía estudiar psicología para poder orientarlos mejor, pero faltaba mucho para poder elegir mi profesión. No me atreví a hacer ningún comentario. Regresé a la Ciudad de México para conseguirles todo lo que me habían pedido, pero me sentía sin la preparación para orientarlos, así que busqué a mi amigo Mario, él estaba iniciando su carrera de derecho, le conté lo que había sucedido y me dijo, "les hubieras dicho, tú no ves, ¿cómo vas a ser piloto o chofer? y a la niña le hubieras comentado que la lavadora la aprendía a utilizar rápido y sólo era una ayuda doméstica", en fin, le pedí a mi amigo Mario que me acompañara para ver qué podíamos hacer por ellos.

Así que unas semanas después partimos a Cancún. Cuando llegamos a la escuela de ciegos del pueblo, él habló con ellos por un tiempo mientras yo entregaba la lavadora y las cosas de música que llevábamos. Cuando regresé al salón les pregunté qué querían ser de grandes y todos al unísono contestaron, "¡abogados!". Ahí me di cuenta de que mi amigo Mario era un líder. Debemos decir siempre la verdad, quitar ese enfoque asistencialista y saber orientar mejor a las personas con disCapacidad, ayudándolos a tomar mejores decisiones, describirles todo lo que no pueden ver, los colores las formas, lo que está sucediendo a su alrededor para que no pierdan detalle.

Cuando hables con una persona con disCapacidad visual no eleves tu tono de voz, recuerda que escucha perfectamente bien, y siempre háblale de frente. A veces pensamos que como no nos está viendo podemos ver hacia otro lado, pero la persona con disCapacidad visual percibe hacia donde estamos hablando y sentirá que no le estás poniendo atención. No quieras ayudarle en todo, elimina ese enfoque asistencialista, solo dile que estás ahí para lo que se le ofrezca.

Cuando te dirijas a una persona con disCapacidad visual menciona su nombre, si hay más personas con mayor razón, porque si saludas o te despides sin decir su nombre no sabrá a quien te estas dirigiendo. Sé específico y preciso en las indicaciones, si nos preguntan ¿dónde está el baño? y respondemos "allá" los dejamos con la misma duda, firma aquí, ¿aquí dónde? Puedes poner su dedo donde tenga que firmar y utiliza siempre "derecha" o "izquierda".

Cuando estés con una persona con disCapacidad visual en la mesa, descríbeles tanto la mesa como su plato y puedes utilizar la técnica del reloj, imagina un reloj, ahora ve su plato con alimentos, descríbelo: a las 12 (arriba) tienes una deliciosa arrachera, a las 3 (a la derecha) tienes frijolitos refritos con totopos, a las 6 (abajo) tienes arroz con verduritas picadas zanahorias y chícharos. A las 12, enfrente de ti, tienes un vaso de agua de jamaica y a las 3 una salsita verde muy picosa, ¿ves? ya le describiste lo que hay en la mesa y hasta hambre nos dio.

Evitar expresiones que puedan provocar ansiedad a la persona como "¡Cuidado!", "¡Ay!", "¡híjole!", la persona con disCapacidad visual cuando dices "cuidado", no sabe si viene algo de arriba, si es un hoyo en el piso o un balón que viene directo a su cara, trata de describir bien: "ten cuidado al caminar porque a tu derecha están unas plantas con espinas".

Usa las palabras ver y mirar sin reparo. A veces creemos que si le preguntas a una persona con disCapacidad visual, "¿no has visto a Heidi?", sería de mala educación, pero no, son verbos que utilizan con normalidad.

Camina ligeramente por delante de la persona con disCapacidad visual para brindarle seguridad, puede utilizar frases como: izquierda, derecha, adelante, atrás, para describir lo que hay, pero siempre describe las cosas bonitas que hay, no los peligros que crees que puede tener, recuerda que tú lo vas guiando, hazlo sentir seguro y tranquilo contigo.

Toma suavemente su mano para que palpe un objeto o la silla para sentarse. Siempre mantén el orden habitual de las cosas, eso le ayudará a encontrarlas mejor, ya sea en casa o su espacio de trabajo.

No dejes sola a la persona con disCapacidad visual sin advertírselo antes sino seguirá pensando que estás ahí, recuerda siempre saludar y despedirte, toma su mano para ello, ya que si estiras la mano no se dará cuenta.

Recuerda que las personas con disCapacidad visual necesitan:

- Señalización en Braille
- Anunciadores parlantes
- Información escrita en Braille
- Señalización en los baños

- Cambios de contraste en colores
- Computadoras con tecnología adaptada
- Espacios con libre paso
- Libre paso con perro guía
- Áreas sanitarias para sus perros guía
- En lugares públicos grandes. maqueta táctil o háptico

Considera a las personas con movilidad reducida

Una vez visitando a mis tíos, en San Miguel de Allende, Guanajuato, vi en el camino a una señora,ya mayor, iba con su andadera, caminaba demasiado lento y en eso me acerqué un poco más y tenía un letrero en la andadera y otro colgado en el pecho, que decía: "Gracias Pero No Necesito Ayuda". Cuántas personas se le habrán acercado a decirle "¿le ayudo?", hasta que se cansó y mandó a hacer sus letreros, hasta enmicados estaban. Recordemos que lo que queremos es independencia y autonomía el mayor tiempo que podamos, siempre preguntemos si requieren nuestra ayuda. Pero a nosotros nunca se nos debe de quitar esa cordialidad, esa educación de decir: "¿te ayudo?" Y si la persona responde "¡Nooo!", es que ya le han preguntado 80 mil veces. No nos sintamos mal nosotros, nunca se nos debe de quitar la costumbre de querer ayudar. Pero si te dice que sí, inmediato pregúntale: "¿cómo?", y seguir cada indicación de esa persona, ella tendrá la experiencia de cómo es la forma más segura y fácil para ayudarle.

¿Qué tenemos que hacer, si vemos una persona en su silla de ruedas y no nos puede saludar, porque no puede mover las manos?, nosotros debemos tomar su mano y saludarlo o con una palmadita cariñosa en el hombro. Para saludarlos o entablar una plática, hay que agacharnos para estar a su nivel, eso los hará sentir cómodo. No tocar su silla de ruedas, es parte de su cuerpo, tú no te acercas a alguien y te recargas en su cabeza, menos si no lo conoces. No muevas tampoco sus muletas o las cosas que traiga, cuando las necesite no podrá alcanzarlas.

No vean a la persona con disCapacidad usuaria de silla de ruedas como un ropero donde le pueden encargar mientras su bolsa o su abrigo. Me ha tocado muchas veces en las fiestas que a las personas con disCapacidad les encargaban las cosas y cuando se querían ir tenían que estar buscando al dueño o dueña de las cosas.

La gran barrera para las personas con disCapacidad motora, usuarias de silla de ruedas, son las alturas de operación. Los lugares más complicados son los mostradores altos y los bufetes en los restaurantes. Sé acomedido y ayúdales a traer sus platos o simplemente un café, facilita el alcance de los objetos que pueda necesitar, recuerda que no pueden rodar sus llantas y traer algo en sus manos.

Cuando vayas junto a una persona usuaria de silla de ruedas, talla baja o dificultad para caminar, avanza a su ritmo, no la apresures.

Trata de despejar el espacio donde esté, que no se encuentre con obstáculos en los recorridos que hará. Imagina un restaurante que tenga libre paso desde el estacionamiento, el acceso, la mesa, el baño, el área de comida, la caja, etc., y que no encuentre barrera alguna, pronto tendrás más clientes. Recuerdo cuando era pequeño la dificultad que había cuando llegaba con mis amigos en silla de ruedas. Eran 7 y no había lugar de estacionamiento para todos así que yo tenía que hacer de valet parking. Ahora ya hay ese servicio. Cuando era niño no existía, tenía que ayudarlos a subir el escalón de acceso, teníamos que buscar dos mesas de cuatro patas, para que fueran firmes, encontrar un lugar en el restaurante donde no obstruyan el paso, ir al baño era una odisea, levantar a todos de sus asientos, por eso debes dejar un espacio libre de 1m, para que puedan pasar libremente. El baño era inaccesible y tenía que dejar la puerta abierta del gabinete y pedir a las demás personas que nos dieran un momento, era obstáculo tras obstáculo, pensaba por qué los diseñadores de estos espacios no ponían atención en esto. No es tan difícil, eso fue hace 40 años, ahora tenemos también un gran porcentaje de adultos mayores. Sólo si te decides a hacer estos cambios y tener todas estas atenciones y deferencias con las demás personas, podremos hacer una sociedad más incluyente.

Recuerda que las personas con disCapacidad motora necesitan:

- Rampas

- Entornos sin obstáculos

- Baños accesibles

- Alturas de operación adecuadas

- Amplio ancho de puertas

- Espacios amplios para la circulación

Sé amable con las personas con disCapacidad Intelectual

Una vez en un restaurante, vi que llegó una mamá de unos 70 años acompañada con su hijo con Síndrome de Down de unos 30 años. La mesera se acercó de inmediato y le dejó solo un menú a la mamá, como si el hijo no existiera. Regresó a tomar la orden y solo se dirigió a la señora, le preguntó a la mamá y qué iba a comer el niño, lamentablemente la señora le respondió. El hijo quedó nulificado, lo que no sabe la mesera es que la próxima vez que salgan al restaurante la mamá le preguntara a su hijo: "¿dónde quieres comer?" Y el muchacho seguramente ni recordará ese lugar donde no fue nadie. Qué diferente hubiera sido si la mesera desde que llegaran los viera a los dos a los ojos, les diera su menú a cada uno y a la hora de pedir el platillo ella le hubiera preguntado dirigiéndose a él directamente. No importaría si le contesta o no, aunque conteste la mamá ella le podrá comentar, "¡huy!, esa es nuestra especialidad y sé que te va a gustar". Esa diferencia sencilla de atención hará que el muchacho quiera regresar a ese lugar donde lo hicieron sentir que está presente y es igual de importante que todos los comensales.

Cuando tengamos cerca a alguien con disCapacidad intelectual, lo que debemos de poner atención plena es en nuestra pazCiencia (situación donde no hay luchas entre las dos partes y uses los conocimientos que obtuviste mediante la observación y la experimentación en nuestro trato con el otro, dando tiempo a responder y repetir las veces que sea necesario), debemos dar instrucciones muy claras, sin tratarlos como diferentes ni como niños.

Una vez fui a España a ver a mi amigo Alex, él trabajaba en la plataforma de voluntariado en Málaga. Me presentó a Pablo, un chico con disCapacidad intelectual, que vivía en un internado y le dieron permiso de salir con mi amigo Alex, por ser su cumpleaños. Paseamos todo un día por la Alcazaba, el museo Picasso y al Castillo de Gibralfaro. Debíamos regresar antes que anocheciera. Pablo me notó triste, porque ya no lo vería hasta el año próximo. Me daba vuelta en la cabeza lo que sería estar en un orfanato, no tener a tus padres, no poder salir cuando quieras, y veía cómo había disfrutado su día. Me preguntó, "¿por qué estás con esa cara?", le dije, "ya no te veré hasta el año próximo", él con grande sonrisa me dijo, "tío un año pasa rápido, mejor disfruta el trayecto mira que cielo tan limpio". Se me hizo un nudo en la garganta, me había dado una buena lección. ¿Por qué preocuparnos de tantas cosas y no disfrutar del momento? Cuando estés con una persona con disCapacidad intelectual, disfruta con él el momento y hazle sentir todo lo bueno que hay alrededor, no lo pongas nervioso con tus miedos y dudas.

A las personas con disCapacidad intelectual les puede costar más trabajo entender una información, la mejor forma de ayudar es siendo amable y utilizando un lenguaje sencillo, sin levantar la voz cuando le hablas, no tiene disCapacidad auditiva, no le hables ni lo trates como si fuera un niño, trátalo de acuerdo con su edad cronológica y con mayor normalidad.

Recuerda que los tiempos de las personas con disCapacidad intelectual son distintos, aprende a respetarlos, dales tiempo para decidir, contestar una evaluación, llenar un formato o simplemente darte una respuesta. Pueden tener limitaciones en la comunicación, ponle mucha atención a lo que dice para comprenderlo.

Limita tu ayuda a lo necesario, procurando así que la persona con disCapacidad intelectual se desenvuelva con la mayor autonomía, poniéndole ejemplos que favorezcan su comprensión.

Sé respetuoso con las personas con disCapacidad mental

La población en general no tiene conocimiento de la disCapacidad mental; desconocen cómo actuar ante la esquizofrenia, bipolaridad, trastornos conductuales, depresión crónica etc., y es difícil notar la discapacidad a primera vista. Algunas veces por su tratamiento farmacológico puede menoscabar otros procesos como la atención, la memoria, la concentración, etc., ten en cuenta también su dificultad de adaptación a situaciones nuevas que les provocan ansiedad.

Pero lo más importante es evitar etiquetar. Tienes que hacer que se den cuenta que tenemos una visión positiva de la persona. No presionar a la persona y escuchar, mantener una escucha activa y ten previsto a quién o a dónde recurrir en caso de emergencia.

Una vez en un Diplomado de cultura de disCapacidad un experto en disCapacidad mental me preguntó "¿por qué no decía cuál era la mejor forma de tratar a una persona con disCapacidad mental?, le dije que yo no conocía muchos protocolos, pero le pedí que él, como experto, en la próxima clase nos los mencionara. La siguiente sesión tenía yo preparado el proyector en la computadora, todo para su exposición. Cuando llegó me dijo que lo había pensado, pero no encontró alguna diferencia correcta para tratar a las personas con disCapacidad mental. Creo que así debería ser para las otras discapacidades simplemente tratar a las personas tocando el corazón y sintiendo cómo nos gustaría ser tratados.

Revisa el protocolo en eventos

El protocolo es el conjunto de conductas, usos y costumbres, reglas y normas sociales a conocer, respetar y cumplir en sociedad. En el tema de disCapacidad también debemos de revisar estos protocolos, ya sea para una simple cena o para un gran congreso.

Eventos públicos

Debemos de revisar seis aspectos fundamentales:

- **Accesibilidad**. Los baños, el pódium, presídium, las proyecciones, tienen que ser accesibles para todas las personas, independientemente del grado de discapacidad, edad, estatura o cualquier otra diferencia.

- **Circulación**. Permitir que todos los usuarios puedan circular libremente y llegar a todos los espacios.

- **Utilización**. Que el entorno permita su uso y disfrute de todas las personas.

- **Orientación**. Diseñar para el evento una fácil orientación desde el estacionamiento hasta el espacio donde será el evento, que todos los servicios del evento como registro, cafetería, mesas de trabajo, baños, tengan una señalética clara y uniforme.

- **Seguridad**. Procurar que todos los espacios tengan la mejor movilidad en caso de una emergencia y evitar riesgos para la integridad física.

- **Funcionalidad**. Que los espacios, el mobiliario y los lugares de trabajo o de recreo puedan ser utilizados sin restricción por todas las personas.

Conquista 30% más clientes y posee mejores empleados

Tomar en cuenta los elementos físicos en los accesos, en el *hall*, los puntos de información y las zonas interiores. Siempre nuestra mejor forma de adecuar los espacios será preguntándonos "¿cómo accedería una persona con movilidad reducida, adulto mayor, disCapacidad visual o auditiva?" Y recuerda como dice Enrique Rovira-Beleta "Este es el siglo de la arquitectura para la gente mayor", piensa en tu futuro en cada momento.

Toma en cuenta siempre que los aspectos de iluminación sean adecuados. Muchas veces a la hora de pasar un video, apagan todas las luces y no hay iluminación adecuada para el intérprete de lengua de señas o para que las personas con disCapacidad auditiva puedan comentar entre ellos en lengua de señas.

Si el evento es en el exterior, revisa que el piso para las personas usuarias de silla de ruedas, bastones y tacones no se entierren en el piso. Toma en cuenta el clima, si hace frío, calor, lluvia, el sonido y la visibilidad en las pantallas. Si el evento es en el interior, toma en cuenta el clima también, tanto fuera como dentro. Estos aspectos los debemos considerar siempre en cualquier evento, pero ponte en lugar de alguien con disCapacidad que no pueda acceder a su mesa y fíjate si su silla no rueda en el pasto y en el evento no pueda ir cómodamente al baño, o la persona con disCapacidad visual que le toca la bocina junto y no puede escuchar las conversaciones, o la persona con disCapacidad auditiva que no puede ver al intérprete de lengua de señas, o en el momento te das cuenta que la persona que va a hablar en el pódium tiene silla de ruedas y ni siquiera lo pueden subir al estrado, ya no son detalles insignificantes, son faltas de educación y protocolo.

Siempre debes de tomar en cuenta que existan baños accesibles, si no hay, se pueden rentar para el evento baños portátiles o remolque accesibles. Asigna algún acompañante para la persona, así, cuando requiera algo pueda llamarle y no se sienta desprotegida.

En cuanto a la puntualidad, trata que las personas con disCapacidad o movilidad reducida estén antes del evento para que puedas situarlas en su espacio con mayor comodidad y no tener que estar levantando a las personas de su asiento. Según su disCapacidad cita a las personas con movilidad reducida 20 minutos antes, las personas con disCapacidad visual y auditiva 15 minutos antes y las personas con grandes disCapacidades 30 minutos antes, para poder acompañarlas hasta su lugar y que sientan esas atenciones y deferencias que las harán sentir seguras y tomadas en cuenta.

Cuando son presidencias de pie, como corte de un listón, o un evento al aire libre, trata que no sean más de 25 minutos. Verifica con antelación el recorrido y las alturas de los atriles y podios. Tomando en cuenta con mayor razón el clima, calor, frío, lluvia o sol. Esto ayudará para que tu evento sea lo más confortable posible y lo disfruten todas las personas.

Al maestro de ceremonias aparte de su diálogo, pídele que describa para las personas con disCapacidad visual lo que está pasando: "En este momento está entrando por la puerta izquierda, nuestro presidente acompañado de su esposa, suben al estrado y saludan cariñosamente a los asistentes..."

Si hay una presentación más teatral o de videos, asigna una persona que haga los audio-escritos para personas con disCapacidad visual, con el mismo sistema que se usa para

Conquista 30% más clientes y posee mejores empleados

traducción simultánea o equipos de alta tecnología o Apps que brindan ese servicio.

Cuando la presidencia es de mesa, revisa que el acceso sea adecuado, si es en un escenario, que tenga una rampa adecuada, no que lo estén empujando o cargándolo para subir. Asigna un anfitrión capacitado que lo acompañe y esté en la parte posterior de la persona con disCapacidad por si necesita algo.

Revisa que la accesibilidad sea desapercibida y no pongas logos. Me ha tocado ver que ponen un pódium grande y uno chico con el logo de disCapacidad. Imagina lo horrible que es eso, que te digan, cuando hables, usa el pódium que tiene el logo de disCapacidad. Mejor quitarlos y poner dos micrófonos, uno alto y uno más pequeño.

En la mesa de presídium si hay alguna persona con disCapacidad visual, incorpora los personalizadores en Braille, y puedes dejarle la orden del día o cualquier documento informativo en Braille. Verifica el mantel que esté bien sujetado y sin agujas. Te lo digo por experiencia, ya que he visto a las personas con disCapacidad visual brincar por el piquete de la aguja o a la persona usuaria de silla de ruedas salir con el mantel arrastras.

Deja tanto en el presídium como en los espacios del público, un metro libre de ancho, para que entre la silla de ruedas. Que la altura de la mesa tenga 80 cm de alto, para que ingrese bien la silla de ruedas.

Cuando envíes las invitaciones hazlas en fácil lectura, con letras claras, grandes y colores contrastantes, no se te olvide código de vestimenta y en Braille para personas con disCapacidad visual.

No se te olvide para personas con disCapacidad visual tener programas o documentos que entregarás en sistema Braille y avisarle dónde está el espacio para que su perro guía pueda ir al baño y tomar agua.

Para tu evento, toma en cuenta el transporte para llegar y las características de tu estacionamiento. Si tienes valet parking, asegúrate que estén capacitados para atender a personas con disCapacidad y manejar automóviles adaptados. De igual manera que los meseros estén capacitados para atender en forma incluyente.

Informa a tu maestro de ceremonias, conferencistas, personas del registro, anfitriones, etc. de la terminología adecuada. He acudido a decenas de eventos de disCapacidad, con una organización increíble, pero cuando dan las palabras de inauguración dicen, "Bienvenidos todos los discapacitados que nos acompañan", y eso es lo que sale en la nota informativa de tu evento. A veces ponemos tanto empeño en una organización incluyente y nos la opaca el mismo vigilante de la entrada que les pregunta "¿viene al evento de los discapacitados?" Hagan una nota informativa sobre los términos y envíenla a todos los involucrados en el evento. Pide, si es posible, el texto que las personas hablarán para revisar los términos y cosmovisión correcta.

Otro ítem importante en los eventos es el uso de micrófonos. ¡Cómo demerita tu evento, cuando no se escuchan o hacen ruido! y cuando las personas no están capacitadas en disCapacidad y les pasan los micrófonos a personas que no los pueden sujetar o personas sordas que usan lengua de señas. Le ponen el micrófono a la persona sorda no al intérprete y cuando comienza el evento, todos corren para dárselo a quien le hará la voz a la persona sorda. En mi experiencia el mejor micrófono es de diadema, así si la persona con parálisis cerebral se mueve se sigue escuchando. El intérprete de lengua de señas puede hacer voz y seguir signando, las personas en silla de ruedas con movilidad reducida en las manos están cómodos.

Revisa el protocolo que se utilizará para la entrega de diplomas, premios, etc. si habrá honores a la bandera y hacerlo incluyente. Dos preguntas que me hacen frecuentemente es si en un evento que hay personas usuarias de sillas de ruedas deben decir: "¿Nos ponemos de pie para recibir a nuestras autoridades?" Claro, se debe decir y no hacer diferencia, imagínate que se mencione "los que se puedan poner de pie párense para recibir a nuestras personalidades, o las personas que no estén en silla de ruedas pónganse de pie". Nuuunca hay que hacer esto, eso sólo hace ver que lo primero en que se enfocan es en su disCapacidad y que no es un evento incluyente. La otra pregunta que me hacen es ¿cómo se debe de entregar un diploma o premio a alguien con disCapacidad y no hay rampa para el presídium? Pues lo ideal para que el evento sea incluyente es que todos puedan recibir el diploma en el mismo lugar, buscar un espacio accesible, pero si por ningún motivo es posible la persona de más alto rango del presídium puede bajar a entregárselo, eso sería integración y no inclusión, pero sería peor que subiera un familiar por el reconocimiento sin tomar en cuenta a la persona que se lo ganó.

En los eventos toma siempre en cuenta a los acompañantes de las personas con disCapacidad para viáticos y comidas, recuerda que son sus manos, sus ojos o sus oídos, reserva lugares para ellos. Y toma en cuenta, en cualquier evento público, tener intérpretes de lengua de señas y subtítulos en los videos.

En las tomas de fotografías, pídele al fotógrafo que tome en cuenta a la persona con disCapacidad visual, que hable y diga volteando hacia mí y ver que la persona salga bien, volteando a la cámara, sin la ropa desajustada, y el cabello alineado, etc. Tengo decenas de fotos con amigos con disCapacidad visual volteando hacia otro lado, nunca falta el que grita diciendo "cheese", y la persona con disCapacidad visual voltea su cara hacia él no hacia el lente de la cámara. Y evitar que el posado para una fotografía se demore en exceso, especialmente para las personas con movilidad reducida.

Eventos privados

Cuando organizamos un evento privado y sabemos que vendrá alguien con disCapacidad, podemos lucirnos y hacer algo realmente muy incluyente.

Si es una invitación donde habrá alimentos, tenemos que revisar desde las invitaciones, accesibilidad, tipo de alimentos, espacios asignados hasta los detalles de los adornos y los tipos de vajilla.

Para personas con disCapacidad visual, no olvides su invitación en Braille o por correo electrónico, o una llamada por teléfono. Pregúntale si viene acompañado y cómo llegará al evento, para que puedas orientarlo mejor. Coméntale el tipo de vestimenta que se usará y el objetivo del evento.

Al llegar ofrece tu hombro y descríbele el espacio, pon su mano en el respaldo de la silla, para que se siente y descríbele la mesa y él la tocara reconociendo todo lo que hay.

Llévalo a su lugar asignado, que sea el lugar donde no obstruya el paso y tenga espacio para pararse y dejar salir a los otros compañeros, para ir al baño o hablar por teléfono. Al momento de sentarlo a la mesa presenta o pide a los asistentes que se presenten, para que ubique a cada uno de los invitados. Si es una comida y no lleva acompañante ofrécele todo lo que hay en la mesa y descríbele su plato, menciona los ingredientes de los platillos, por si es alérgico a algo y cuida los platillos, no hagas un pescado con espinas o una carne con huesos, proporcionarle el pollo o la carne en trozos, no pongas adornos en los platillos, se los comerá.

Si ves, que se ha ensuciado la ropa o su boca avísale, te lo agradecerá. Descríbele cada platillo y sus ingredientes, será el que más saboreará y valore más los platillos.

Si algo sucede en la mesa, descríbele todo lo que pasa, conviértete en sus ojos para que disfrute cada momento. Dile que lo que necesite, estás para acompañarlo, si quiere ir al baño que te avise, no tienes que entrar con la persona al baño, solo con que le indiques, poniendo su mano dónde está el lavamanos, el sanitario y los accesorios para que la persona con disCapacidad visual lo pueda utilizar.

Si es una reunión de trabajo, explícale a la persona con disCapacidad visual lo que están viendo en los objetos, videos y diapositivas presentados.

Para una persona con movilidad reducida lo más importante es revisar su itinerario desde el estacionamiento hasta su asiento o espacio que va a ocupar, y contar con un baño accesible, si no lo tienes, avísale ante, la persona tomará sus previsiones. Pregúntale si traerá acompañante para tomar las precauciones necesarias.

Algunas veces, las personas usuarias de silla de ruedas desean cambiarse a la silla de la mesa, por lo que se recargará en la mesa para su traslado, revisa que la mesa sea de cuatro patas y sólida, para que no se pueda volcar. Si entra con su silla de ruedas a la mesa, revisa la altura de la mesa de 72 cm a 80 cm y una profundidad de 60 cm y sin obstáculos. Ve que su lugar sea de fácil salida para una situación de emergencia y que no obstruya el paso de las demás personas.

Acércale todo lo que requiera, un lápiz, un dulce de la bombonera, ofrece traerle un café o unas galletas. Si es una comida y tiene dificultad para mover sus manos, menciona que estás ahí para lo que se le ofrezca, dale confianza para que si necesite ayuda no dude en pedírtela. No quieras ayudarlo en lo que creas que no se le dificulta. Para personas con movilidad reducida, especialmente con las manos, cuida que la vajilla, los cubiertos, vasos y copas no sean pesados.

Para personas con disCapacidad auditiva, no olvides hacer la invitación por mensaje en su teléfono, videollamada o correo electrónico, y pide que te conteste por ese medio avisándote si viene con acompañante.

Lo ideal cuando tenemos invitados con disCapacidad auditiva, son mesas redondas para que no pierda la conversación leyendo los labios. Si es usuario de lengua de señas, pregúntale si requiere de intérprete, si dice que sí de preferencia que la persona sorda lo elija, se sentirá más cómoda y segura. Al intérprete siéntalo enfrente de la persona sorda, para que pueda verlo claramente, pero recuerda que por protocolo siempre hay que dirigirse a la persona sorda no al intérprete. Si ves que alguien en la mesa se dirige al intérprete no dudes en corregirle y decirle que debe de ver a la persona sorda siempre. Cuida los adornos de la mesa para que no estorben la visibilidad a la hora de hablar, recuerda que la persona sorda es muy visual. Puedes poner personificadores en la mesa para que sepa dónde sentarse y quienes están ahí, o tú asígnale su lugar, siempre con la ventana a su espalda por cuestión de la luz. Busca que el espacio esté iluminado y tenga al alcance de su vista todo lo que pasa. Busca el acomodo para que nadie hable detrás de la persona sorda.

Establece un orden al hablar en la mesa, para que ni el intérprete ni la persona sorda se pierda en las conversaciones. A diferencia de las personas con disCapacidad visual que puede ser toda una lluvia de ideas y varios hablando al mismo tiempo, con las personas con disCapacidad visual e intelectual, busca conversaciones lo más ordenadas que se puedan.

Al organizar tu evento piensa en las personas que:

- Tienen dificultades para resolver problemas de concentración y orientación
- Tienen dificultad para desplazarse, maniobrar o de alcance
- Tienen dificultades para ver o no lo hacen
- Utilizan andaderas, bastones o muletas
- Utilizan sillas de ruedas

Pareciera que son muchos detalles, faltarían más que no te mencioné, pero creo son los más importantes que yo he vivido, te los escribo para que vayas generando una cultura de disCapacidad, pero recuerda que son detalles que marcan la diferencia, y que harán a la persona con disCapacidad disfrutar el evento. Recuerda que lo más importante es que el trato sea normal, no te vuelvas asistencialista o exagerado en atenciones.

Obtén distintivos, capacita y certifica al personal

Como bien sabemos la familia es donde debiera empezar la inclusión. Las actitudes de los abuelos y los padres juegan en ello un papel decisivo, pero hay que recordar que antes no había cultura de disCapacidad. Nuestros abuelos, tal vez ni nuestros padres, la conocían, de otra manera nos hubieran enseñado la lengua de señas o la terminología correcta, tiflotecnología, domótica, etc., por ello esta cultura debe enseñarse en todos lados. Si en tu empresa o institución generas esta visión de inclusión, tus empleados la llevarán a casa y permeará en todas las familias y amigos de tus empleados. Así es como puedes contribuir y generar un impacto social en el tema de la inclusión.

Trabajando al interior de las escuelas, gobiernos y empresas es como podremos ir logrando espacios incluyentes, hay varios distintivos y certificaciones. Debes buscar en tu país las convocatorias e iniciar los cambios, tal vez tenga dudas al comenzar, pero pronto tendrás lo necesario para obtener esos distintivos y certificaciones, y te darás cuenta que no es difícil y que adquieres un compromiso con la inclusión.

En México puedes obtener varios distintivos como el de Empresa Incluyente "Gilberto Rincón Gallardo" que otorga la Secretaría del Trabajo, el Sello de Turismo Incluyente que otorga la Secretaría de Turismo. También hay otros internacionales como el distintivo TUR4all espacios turísticos. Obteniendo los distintivos aparte de ayudarnos a tener más clientes, nos hará un cambio interno en la empresa, un trato más humano y más solidario. Y como ya lo decíamos, generaremos una cultura de la disCapacidad en nuestros empleados, nuestros proveedores, nuestra competencia y con nuestros clientes, por lo que el impacto de estas acciones es infinito y pasará de generación en generación. Existe una certificación llamada "Prestación de Servicios Incluyentes para Personas con Discapacidad", Estándar de Competencia Laboral, certifícate y certifica a tu grupo de trabajo y verás como todos hablarán el mismo idioma.

He escuchado en cientos de empresas, escuelas, gobiernos, restaurantes, hoteles, "No estamos ahora preparados para la inclusión", ¿y cuándo te vas a preparar?, no esperemos a que una catástrofe nos obligue a ser incluyentes, debemos empezar ahora, cuanto antes mejor. Es lógico, la barrera más grande para la inclusión es el MIEDO, pero ya nos han enseñado a vencerlo, enfrentándolo. Cuando tienes miedo a algo es natural que pongas excusas para afrontarlo y esto provoca más miedo. Atrévete y date la oportunidad de crecer y cambiar tu perspectiva.

La mejor forma de desafiar los miedos, es preparándonos y haciéndonos expertos. La mejor forma de hablar en público, es aventándose al escenario, después ya nadie te para, aunque siempre existe ese nerviosismo placentero. Lo mismo pasará con la inclusión, así que capacítate, haz que las personas que trabajan contigo estén preparadas, ¿quieres más clientes?, ¿quieres mejores empleados?, ¿quieres ser partícipe de una sociedad más justa?, inicia ya una capacitación.

Te invitamos a capacitarte con nosotros tenemos ya varios cursos y podemos diseñarte uno a tus necesidades.

Somos equipo convencido que lo más importante es el desarrollo de conciencias para lograr una sociedad más humana y feliz.

Deseamos desarrollar proyectos que generen una nueva visión humanista sobre la disCapacidad en pro de una sociedad inclusiva, marcando pautas específicas de inclusión en los diferentes ámbitos de la vida: social, cultural, educativo, laboral, médico, emocional y recreativo.

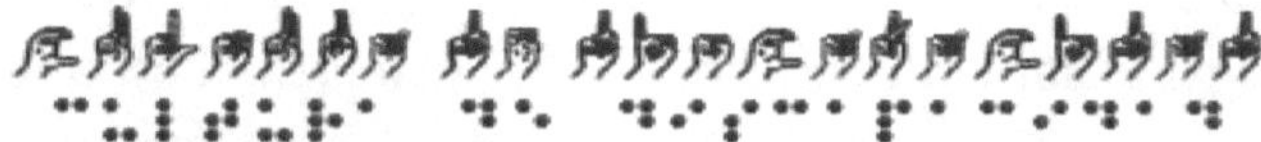

Nuestra misión es favorecer la plena inclusión educativa, familiar, laboral, social y cultural de las personas con disCapacidad, a través del establecimiento de programas y espacios dedicados a la cultura de la disCapacidad. Aprende con nosotros:

Conferencias:

- La cultura de la disCapacidad
- La cosmovisión de la disCapacidad
- La inclusión, un nuevo estilo de vida
- Nuevos paradigmas en la educación
- Inteligencia espiritual, la inteligencia que lo gobierna todo
- Ciudad y disCapacidad
- Lengua de señas, cuestión de derechos
- Protocolo y disCapacidad

Conquista 30% más clientes y posee mejores empleados

- Diseño universal y accesibilidad desapercibida
- Escuela incluyente, un espacio para todos
- Turismo para to2
- Universidad Incluyente
- Beneficios de una empresa incluyente

Talleres:

- El rostro humano del docente
- Las doce virtudes del buen maestro
- Las 7 habilidades del instructor
- Ocho dimensiones a superar
- Educación y buen trato, un protocolo hacia la disCapacidad
- Atenciones y deferencia para lograr la inclusión y un lugar para to@s
- Elaboración de una evaluación de accesibilidad a inmueble privado
- Elaboración de una evaluación de accesibilidad a inmueble público
- Diseño de un acceso para todos
- Diseño de un estacionamiento público incluyente
- Diseño de un baño público incluyente
- Diseño de playas y albercas incluyentes
- Diseño de oficinas y consultorios incluyentes
- Diseño de vivienda para todos
- Diseño una sala de espectáculos incluyente
- wayfinding y señalética incluyente
- Lengua de señas mexicana

- Tiflotecnología y sistema Braille
- Elaboración de videos incluyentes
- Elaboración de documentos accesibles
- Como elaborar documentos de lectura fácil
- Protocolo de atención a clientes con disCapacidad
- Organización de un evento protocolario incluyente
- Pasos para organizar un congreso incluyente
- Atención de calidad y calidez al cliente con disCapacidad
- Fases para la organización de un evento privado incluyente
- Pasos para la organización de un evento público para incluyente
- Atención al alumno con discapacidad en el aula
- Diplomados:
- Diplomado en cultura de la disCapacidad
- Diplomado en lengua de señas mexicana y Braille
- Diplomado en Cultura de la inclusión.
- Diplomado en Cultura de la disCapacidad y turismo incluyente
- Diplomado en Accesibilidad desapercibida y estrategias tecnológicas inclusivas

Una institución o empresa incluyente es tan grande y generosa como la capacitación de las personas que trabajan en ella.

EPÍLOGO

La diferencia entre una persona con disCapacidad y una sin disCapacidad son 30 segundos, pues en 30 segundos nos caemos, nos asaltan, tenemos un accidente o nos revienta una vena. Hay que prepararnos para las sorpresas que nos da la vida, pero lo más seguro, es que en algunos años, cuando seamos adultos mayores veremos menos, escucharemos menos y nos moveremos con dificultad. Por más fuertes que nos sintamos ahora, vamos a adquirir, alguna disCapacidad. Como decía mi abuelita, "como te ves me vi, como me ves te veras". Por ello debemos de construir espacios incluyentes para que desde niños, podamos acceder a todos los servicios que la sociedad nos ofrece.

Tenemos una gran tarea que nos toca hacer a cada uno de nosotros para generar espacios donde todos podamos desarrollarnos y disfrutar la vida, aprendiendo de los otros y ofreciendo nuestros servicios con la mayor calidad y calidez que podamos dar, hacer sentir al otro lo importante que somos todos y construir una sociedad más incluyente.

Son sencillos pasos que nos harán crecer como seres humanos y generaremos una cultura de diversidad y respeto por las diferencias. Pero recuerda que para hacer un cambio a la inclusión TÚ tienes que poner un granito de arena, no creas que la responsabilidad o las tareas son de otros, tú debes hacer los cambios en tu casa, tú debes pedir en los restaurantes, cines, teatros, hoteles, escuelas, bancos, plazas, calles que sean incluyentes, como decía la tía Adela "el que poco pide, poco merece", pide, pide y haz todos tus espacios para todos.

Tienes esa gran tarea pendiente de trabajar por la equidad y eliminar todas las barreras físicas, culturales y sociales que encuentres que nos impidan ser felices y vivir en unidad. Sólo tú podrás lograr el cambio. SÓLO TÚ que leíste estas líneas.